Addition & Subtraction
Speed Drills

THIS BOOK BELONGS TO

SCHOLASTIC PANDA EDUCATION

ISBN: 978-1-953149-36-7

Copyright © 2021 by Scholastic Panda Education

Table of Contents

Addition Table 3

Subtraction Table 4

Addition Drills 0 - 5 8

Addition Drills 0 - 10 16

Addition Drills 0 - 20 25

Addition Drills 0 - 50 36

Subtraction Drills 0 - 10 46

Subtraction Drills 10 - 20 56

Subtraction Drills 0 - 20 66

Subtraction Drills 0 - 50 76

Mixed Addition & Subtraction Drills 0 - 10 84

Mixed Addition & Subtraction Drills 0 - 20 92

Mixed Addition & Subtraction Drills 0 - 50 100

Answer key in the back

ADDITION TABLE

+	1	2	3	4	5	6	7	8	9	10
1	2	3	4	5	6	7	8	9	10	11
2	3	4	5	6	7	8	9	10	11	12
3	4	5	6	7	8	9	10	11	12	13
4	5	6	7	8	9	10	11	12	13	14
5	6	7	8	9	10	11	12	13	14	15
6	7	8	9	10	11	12	13	14	15	16
7	8	9	10	11	12	13	14	15	16	17
8	9	10	11	12	13	14	15	16	17	18
9	10	11	12	13	14	15	16	17	18	19
10	11	12	13	14	15	16	17	18	19	20

SUBTRACTION TABLE

-	10	9	8	7	6	5	4	3	2	1
1	9	8	7	6	5	4	3	2	1	0
2	8	7	6	5	4	3	2	1	0	
3	7	6	5	4	3	2	1	0		
4	6	5	4	3	2	1	0			
5	5	4	3	2	1	0				
6	4	3	2	1	0					
7	3	2	1	0						
8	2	1	0							
9	1	0								
10	0									

Addition Drills 0's

Name

Score / 100

Time :

4	2	7	3	5	6	1	10	9	8
+ 0	+ 0	+ 0	+ 0	+ 0	+ 0	+ 0	+ 0	+ 0	+ 0

0	0	0	0	0	0	0	0	0	0
+ 2	+ 7	+ 3	+ 10	+ 8	+ 1	+ 6	+ 5	+ 4	+ 9

8	7	2	4	5	10	1	6	9	3
+ 0	+ 0	+ 0	+ 0	+ 0	+ 0	+ 0	+ 0	+ 0	+ 0

0	0	0	0	0	0	0	0	0	0
+ 10	+ 1	+ 2	+ 3	+ 9	+ 6	+ 7	+ 5	+ 4	+ 8

7	5	2	6	8	1	4	10	3	9
+ 0	+ 0	+ 0	+ 0	+ 0	+ 0	+ 0	+ 0	+ 0	+ 0

0	0	0	0	0	0	0	0	0	0
+ 10	+ 9	+ 4	+ 5	+ 2	+ 7	+ 8	+ 6	+ 3	+ 1

10	7	5	9	2	4	8	3	1	6
+ 0	+ 0	+ 0	+ 0	+ 0	+ 0	+ 0	+ 0	+ 0	+ 0

0	0	0	0	0	0	0	0	0	0
+ 9	+ 1	+ 3	+ 5	+ 10	+ 2	+ 8	+ 6	+ 7	+ 4

1	5	9	8	2	3	4	10	7	6
+ 0	+ 0	+ 0	+ 0	+ 0	+ 0	+ 0	+ 0	+ 0	+ 0

0	0	0	0	0	0	0	0	0	0
+ 9	+ 8	+ 7	+ 5	+ 6	+ 3	+ 2	+ 4	+ 10	+ 1

Addition Drills 1's

Name

Score / 100

Time :

7	8	4	10	9	5	1	2	6	3
+ 1	+ 1	+ 1	+ 1	+ 1	+ 1	+ 1	+ 1	+ 1	+ 1

1	1	1	1	1	1	1	1	1	1
+ 2	+ 8	+ 5	+ 10	+ 6	+ 9	+ 7	+ 4	+ 1	+ 3

7	10	8	5	3	1	9	2	6	4
+ 1	+ 1	+ 1	+ 1	+ 1	+ 1	+ 1	+ 1	+ 1	+ 1

1	1	1	1	1	1	1	1	1	1
+ 8	+ 10	+ 7	+ 6	+ 5	+ 9	+ 1	+ 2	+ 3	+ 4

5	6	2	10	3	4	9	7	8	1
+ 1	+ 1	+ 1	+ 1	+ 1	+ 1	+ 1	+ 1	+ 1	+ 1

1	1	1	1	1	1	1	1	1	1
+ 1	+ 6	+ 9	+ 3	+ 7	+ 10	+ 4	+ 8	+ 2	+ 5

10	7	4	6	9	3	1	5	2	8
+ 1	+ 1	+ 1	+ 1	+ 1	+ 1	+ 1	+ 1	+ 1	+ 1

1	1	1	1	1	1	1	1	1	1
+ 5	+ 10	+ 8	+ 7	+ 6	+ 2	+ 1	+ 9	+ 3	+ 4

1	6	10	4	7	8	9	3	2	5
+ 1	+ 1	+ 1	+ 1	+ 1	+ 1	+ 1	+ 1	+ 1	+ 1

1	1	1	1	1	1	1	1	1	1
+ 4	+ 3	+ 7	+ 9	+ 6	+ 8	+ 10	+ 2	+ 1	+ 5

Name	Score	Time
	/ 100	:

Addition Drills 1's

3 + 1	4 + 1	5 + 1	9 + 1	2 + 1	7 + 1	1 + 1	8 + 1	10 + 1	6 + 1
1 + 9	1 + 1	1 + 6	1 + 4	1 + 10	1 + 5	1 + 2	1 + 7	1 + 8	1 + 3
4 + 1	6 + 1	1 + 1	9 + 1	5 + 1	10 + 1	7 + 1	3 + 1	2 + 1	8 + 1
1 + 2	1 + 10	1 + 1	1 + 5	1 + 9	1 + 4	1 + 6	1 + 8	1 + 3	1 + 7
5 + 1	3 + 1	7 + 1	10 + 1	1 + 1	2 + 1	6 + 1	9 + 1	4 + 1	8 + 1
1 + 6	1 + 3	1 + 5	1 + 2	1 + 4	1 + 7	1 + 9	1 + 8	1 + 10	1 + 1
10 + 1	3 + 1	5 + 1	1 + 1	7 + 1	9 + 1	4 + 1	8 + 1	2 + 1	6 + 1
1 + 3	1 + 7	1 + 6	1 + 9	1 + 2	1 + 5	1 + 8	1 + 1	1 + 4	1 + 10
10 + 1	1 + 1	2 + 1	9 + 1	5 + 1	7 + 1	6 + 1	8 + 1	3 + 1	4 + 1
1 + 6	1 + 1	1 + 8	1 + 9	1 + 10	1 + 5	1 + 4	1 + 2	1 + 7	1 + 3

Addition Drills 0 – 5   Name   Score / 100   Time :

0 + 0	2 + 3	2 + 1	1 + 0	2 + 1	1 + 0	0 + 4	1 + 4	0 + 5	3 + 2
0 + 0	4 + 3	0 + 0	2 + 4	1 + 5	3 + 2	2 + 3	0 + 5	5 + 5	5 + 3
5 + 1	1 + 1	2 + 4	2 + 0	5 + 2	1 + 1	3 + 4	4 + 3	4 + 1	3 + 4
3 + 4	3 + 3	3 + 0	5 + 1	0 + 0	2 + 5	1 + 5	4 + 4	0 + 4	4 + 2
2 + 2	1 + 3	4 + 2	2 + 4	5 + 0	5 + 3	0 + 5	3 + 2	2 + 1	1 + 3
5 + 2	4 + 4	0 + 1	5 + 4	2 + 4	1 + 5	3 + 2	1 + 0	2 + 4	5 + 2
5 + 3	1 + 2	4 + 3	2 + 1	4 + 5	1 + 0	0 + 4	0 + 5	0 + 0	1 + 5
5 + 2	4 + 5	4 + 0	3 + 2	5 + 4	0 + 3	4 + 0	5 + 5	4 + 1	1 + 1
3 + 0	5 + 1	4 + 3	5 + 5	3 + 1	1 + 5	3 + 2	4 + 2	0 + 1	3 + 1
3 + 3	0 + 3	4 + 2	2 + 1	2 + 3	4 + 5	3 + 4	3 + 3	1 + 2	2 + 0

Addition Drills 0 - 5	Name	Score / 100	Time :

```
   2      3      5      2      1      0      4      5      5      4
 + 3    + 4    + 2    + 1    + 3    + 1    + 0    + 3    + 4    + 4
 ____   ____   ____   ____   ____   ____   ____   ____   ____   ____


   3      3      2      0      5      5      4      5      2      2
 + 0    + 4    + 3    + 3    + 0    + 4    + 2    + 5    + 5    + 2
 ____   ____   ____   ____   ____   ____   ____   ____   ____   ____


   2      0      2      4      5      4      3      4      4      2
 + 0    + 0    + 3    + 3    + 1    + 1    + 5    + 4    + 4    + 5
 ____   ____   ____   ____   ____   ____   ____   ____   ____   ____


   5      1      3      5      0      5      0      5      0      3
 + 2    + 5    + 0    + 3    + 1    + 5    + 4    + 1    + 3    + 0
 ____   ____   ____   ____   ____   ____   ____   ____   ____   ____


   3      4      4      0      5      2      1      3      4      3
 + 2    + 0    + 4    + 4    + 5    + 2    + 4    + 1    + 0    + 3
 ____   ____   ____   ____   ____   ____   ____   ____   ____   ____


   1      0      4      5      5      2      2      0      3      1
 + 3    + 3    + 0    + 2    + 2    + 0    + 4    + 1    + 5    + 0
 ____   ____   ____   ____   ____   ____   ____   ____   ____   ____


   0      0      4      4      4      4      0      1      2      3
 + 0    + 5    + 1    + 3    + 5    + 1    + 4    + 2    + 0    + 2
 ____   ____   ____   ____   ____   ____   ____   ____   ____   ____


   1      0      4      1      1      1      1      3      4      2
 + 5    + 2    + 4    + 3    + 4    + 5    + 1    + 0    + 2    + 2
 ____   ____   ____   ____   ____   ____   ____   ____   ____   ____


   0      2      5      3      0      0      2      2      3      1
 + 3    + 5    + 0    + 0    + 5    + 1    + 2    + 5    + 5    + 3
 ____   ____   ____   ____   ____   ____   ____   ____   ____   ____


   1      1      0      3      5      5      1      3      3      2
 + 4    + 3    + 2    + 1    + 1    + 1    + 4    + 1    + 5    + 1
 ____   ____   ____   ____   ____   ____   ____   ____   ____   ____
```

Addition Drills 0 – 5

Name

Score / 100

Time :

2	1	5	3	4	1	0	1	2	3
+ 4	+ 3	+ 4	+ 1	+ 2	+ 0	+ 1	+ 1	+ 1	+ 4

0	0	2	0	3	4	3	2	4	1
+ 2	+ 3	+ 3	+ 5	+ 0	+ 4	+ 2	+ 2	+ 3	+ 2

3	2	4	1	5	5	0	1	4	3
+ 3	+ 5	+ 0	+ 5	+ 1	+ 0	+ 4	+ 4	+ 1	+ 5

5	5	4	2	5	5	0	4	2	0
+ 2	+ 3	+ 5	+ 0	+ 5	+ 4	+ 0	+ 3	+ 5	+ 2

1	1	5	2	1	4	2	3	2	3
+ 2	+ 2	+ 5	+ 3	+ 1	+ 3	+ 4	+ 0	+ 5	+ 5

5	3	3	2	0	2	0	3	3	5
+ 0	+ 4	+ 1	+ 1	+ 3	+ 1	+ 1	+ 1	+ 5	+ 2

5	1	0	1	2	1	2	5	0	4
+ 5	+ 1	+ 1	+ 0	+ 4	+ 1	+ 5	+ 3	+ 0	+ 5

3	2	5	0	4	1	0	3	1	2
+ 3	+ 3	+ 4	+ 2	+ 5	+ 4	+ 0	+ 2	+ 2	+ 5

1	4	4	2	1	3	4	4	1	1
+ 3	+ 1	+ 4	+ 2	+ 4	+ 2	+ 4	+ 3	+ 0	+ 3

2	3	0	3	1	1	3	5	1	2
+ 4	+ 4	+ 2	+ 1	+ 3	+ 2	+ 1	+ 3	+ 4	+ 4

Addition Drills 0 – 5

Name	Score / 100	Time :

1 + 2	4 + 3	0 + 2	4 + 2	4 + 1	3 + 5	5 + 2	5 + 1	3 + 2	0 + 3
2 + 3	3 + 3	5 + 4	3 + 4	5 + 0	1 + 5	2 + 0	4 + 4	3 + 1	2 + 4
4 + 0	1 + 4	1 + 3	1 + 1	5 + 5	1 + 0	0 + 0	0 + 5	5 + 3	0 + 4
2 + 2	0 + 1	2 + 1	2 + 5	3 + 0	4 + 5	4 + 2	1 + 5	2 + 0	3 + 2
0 + 2	3 + 3	1 + 2	3 + 3	2 + 4	2 + 3	1 + 3	1 + 2	2 + 4	1 + 1
3 + 4	3 + 0	4 + 5	2 + 4	0 + 2	4 + 0	2 + 0	2 + 0	4 + 1	3 + 4
1 + 2	2 + 2	4 + 3	2 + 1	1 + 1	1 + 3	2 + 1	1 + 4	2 + 5	2 + 4
4 + 3	3 + 2	4 + 3	2 + 2	4 + 3	1 + 4	3 + 4	4 + 5	3 + 2	1 + 4
1 + 4	5 + 0	3 + 1	3 + 2	5 + 3	3 + 4	4 + 4	2 + 2	1 + 3	1 + 3
4 + 2	5 + 3	3 + 5	0 + 2	3 + 2	4 + 4	1 + 0	5 + 5	0 + 2	0 + 3

Addition Drills 0 – 5

Name

Score / 100

Time :

5 + 5	3 + 4	2 + 2	3 + 3	2 + 0	5 + 3	2 + 4	1 + 2	4 + 1	1 + 0
3 + 1	4 + 4	5 + 2	3 + 0	4 + 2	3 + 2	0 + 1	0 + 2	1 + 1	4 + 0
4 + 3	0 + 3	4 + 5	5 + 1	1 + 3	0 + 4	0 + 5	1 + 4	2 + 5	5 + 4
0 + 0	3 + 5	1 + 5	5 + 0	2 + 3	2 + 1	4 + 3	1 + 2	4 + 3	0 + 2
5 + 4	1 + 1	1 + 4	3 + 0	2 + 5	5 + 3	1 + 2	4 + 2	3 + 2	3 + 2
4 + 4	1 + 4	3 + 2	1 + 4	2 + 1	1 + 3	1 + 1	0 + 5	4 + 4	1 + 3
4 + 1	5 + 4	4 + 2	1 + 4	0 + 0	0 + 4	3 + 1	3 + 0	4 + 0	2 + 1
4 + 1	1 + 1	1 + 1	4 + 5	3 + 3	4 + 1	0 + 4	1 + 2	3 + 2	0 + 3
4 + 4	1 + 3	1 + 2	2 + 2	4 + 4	1 + 5	1 + 1	4 + 3	3 + 1	0 + 2
3 + 2	4 + 3	3 + 3	3 + 1	4 + 1	2 + 4	1 + 1	1 + 1	1 + 5	3 + 4

Addition Drills 0 - 5

Name _____

Score / 100

Time :

1 + 5	1 + 1	3 + 3	5 + 2	3 + 4	2 + 2	4 + 1	3 + 0	0 + 4	2 + 3
2 + 1	1 + 2	1 + 4	0 + 2	4 + 0	5 + 4	3 + 5	4 + 3	5 + 0	2 + 0
4 + 2	0 + 5	4 + 5	4 + 4	3 + 2	1 + 3	3 + 1	2 + 4	0 + 3	1 + 0
5 + 1	2 + 5	5 + 5	0 + 0	0 + 1	2 + 0	5 + 3	0 + 4	2 + 3	2 + 1
3 + 0	3 + 1	0 + 2	3 + 1	3 + 2	4 + 5	4 + 5	4 + 3	3 + 2	3 + 5
3 + 3	2 + 0	1 + 2	1 + 2	4 + 4	5 + 2	2 + 2	3 + 4	3 + 4	4 + 1
2 + 0	0 + 3	1 + 4	3 + 0	4 + 3	3 + 4	4 + 2	5 + 5	2 + 4	3 + 3
4 + 5	4 + 2	1 + 0	4 + 0	5 + 3	2 + 0	2 + 3	2 + 2	4 + 3	2 + 2
4 + 1	0 + 1	3 + 3	0 + 2	4 + 3	5 + 5	4 + 4	1 + 4	2 + 4	5 + 2
1 + 3	5 + 4	4 + 4	2 + 0	4 + 4	3 + 1	1 + 3	1 + 1	2 + 3	2 + 1

Addition Drills 0 – 5

Name _____ Score ___/ 100 Time __:__

2 + 1	4 + 4	1 + 3	3 + 3	1 + 2	0 + 4	3 + 1	1 + 4	0 + 2	4 + 3
2 + 4	0 + 1	4 + 2	4 + 1	3 + 4	5 + 0	1 + 0	5 + 1	0 + 0	5 + 2
1 + 1	4 + 0	1 + 5	2 + 3	2 + 2	4 + 5	3 + 2	0 + 3	5 + 4	2 + 5
2 + 0	3 + 0	3 + 5	5 + 3	5 + 5	1 + 4	4 + 4	3 + 0	0 + 1	2 + 1
2 + 1	2 + 4	3 + 0	1 + 2	2 + 2	0 + 5	4 + 5	0 + 4	0 + 2	5 + 1
1 + 3	3 + 4	1 + 1	3 + 4	0 + 2	0 + 5	4 + 3	1 + 4	3 + 2	3 + 4
3 + 1	4 + 1	4 + 0	5 + 4	5 + 2	1 + 3	3 + 5	2 + 0	4 + 3	5 + 2
3 + 0	4 + 3	1 + 0	2 + 2	1 + 1	4 + 0	0 + 1	5 + 2	3 + 2	0 + 2
2 + 1	4 + 1	3 + 1	3 + 3	2 + 3	0 + 5	4 + 2	0 + 4	3 + 2	3 + 2
5 + 0	4 + 3	5 + 4	5 + 5	5 + 4	5 + 4	1 + 3	4 + 3	1 + 2	0 + 2

3 + 5	6 + 4	8 + 6	4 + 1	6 + 8	8 + 3	2 + 0	1 + 4	5 + 1	6 + 9
2 + 9	3 + 8	3 + 3	2 + 0	0 + 4	1 + 2	7 + 1	5 + 9	0 + 3	10 + 2
7 + 10	3 + 0	2 + 6	6 + 3	2 + 7	1 + 2	4 + 10	1 + 9	4 + 2	8 + 2
7 + 3	5 + 0	8 + 4	3 + 1	1 + 8	4 + 0	8 + 0	7 + 7	0 + 3	9 + 1
9 + 8	10 + 0	7 + 8	4 + 6	5 + 6	10 + 5	8 + 6	9 + 10	7 + 4	0 + 4
3 + 7	5 + 3	10 + 5	9 + 7	9 + 0	3 + 8	1 + 5	10 + 9	6 + 0	8 + 7
6 + 2	2 + 1	5 + 9	10 + 9	2 + 7	4 + 10	4 + 3	3 + 6	9 + 1	0 + 5
3 + 3	7 + 7	0 + 7	10 + 6	8 + 9	6 + 1	9 + 10	7 + 4	9 + 0	1 + 4
9 + 2	7 + 7	2 + 2	2 + 10	4 + 4	8 + 8	4 + 10	3 + 2	2 + 6	8 + 5
5 + 5	0 + 6	6 + 4	10 + 5	6 + 10	10 + 1	1 + 5	1 + 10	5 + 8	6 + 1

Name

Score / 100

Time :

7 + 3	0 + 4	6 + 0	10 + 8	4 + 0	4 + 1	8 + 6	3 + 1	7 + 1	6 + 9
8 + 2	0 + 9	1 + 10	5 + 6	10 + 4	10 + 3	2 + 4	0 + 7	3 + 5	1 + 6
0 + 10	1 + 0	5 + 9	0 + 0	9 + 4	0 + 2	7 + 9	8 + 6	0 + 10	6 + 10
4 + 1	3 + 7	10 + 8	3 + 10	2 + 2	0 + 8	5 + 8	2 + 10	9 + 8	3 + 6
6 + 4	6 + 8	4 + 7	2 + 5	3 + 4	8 + 0	10 + 9	7 + 3	9 + 0	1 + 5
1 + 1	4 + 5	4 + 6	1 + 6	4 + 5	5 + 3	6 + 6	7 + 1	8 + 7	3 + 9
5 + 8	7 + 4	9 + 10	10 + 6	8 + 2	2 + 3	0 + 3	1 + 5	5 + 9	10 + 9
9 + 5	3 + 1	0 + 7	8 + 10	10 + 0	8 + 3	10 + 0	9 + 0	9 + 8	4 + 7
6 + 5	8 + 3	6 + 7	2 + 1	5 + 8	3 + 9	2 + 7	5 + 5	7 + 8	2 + 4
4 + 7	2 + 9	5 + 2	1 + 4	1 + 2	2 + 1	7 + 5	1 + 1	6 + 2	7 + 2

Addition Drills 0 - 10

Name _____ **Score** / 100 **Time** __:__

6 + 6	4 + 4	4 + 6	10 + 8	10 + 3	8 + 4	5 + 2	8 + 9	1 + 8	0 + 4
5 + 1	1 + 2	5 + 6	0 + 7	7 + 2	5 + 2	2 + 0	10 + 1	3 + 3	0 + 8
1 + 10	4 + 8	1 + 0	2 + 7	7 + 6	0 + 4	2 + 9	9 + 9	7 + 3	2 + 10
10 + 3	0 + 10	6 + 5	2 + 1	5 + 0	8 + 9	5 + 0	8 + 0	6 + 0	0 + 8
9 + 6	1 + 1	2 + 9	6 + 0	7 + 1	4 + 7	8 + 3	3 + 2	3 + 5	10 + 1
3 + 6	4 + 5	2 + 2	7 + 3	8 + 2	3 + 3	4 + 10	5 + 4	5 + 7	1 + 5
6 + 10	9 + 10	8 + 5	3 + 9	5 + 8	6 + 7	0 + 5	4 + 9	2 + 7	9 + 8
0 + 9	6 + 1	5 + 10	4 + 2	4 + 6	9 + 4	3 + 6	8 + 10	7 + 1	3 + 6
9 + 0	1 + 7	0 + 0	4 + 4	1 + 3	6 + 4	10 + 0	9 + 5	7 + 10	3 + 2
10 + 1	9 + 8	8 + 3	6 + 7	9 + 5	10 + 8	2 + 9	9 + 9	0 + 7	10 + 4

Name	Score	Time
	/ 100	:

4 + 4	5 + 9	5 + 2	3 + 0	10 + 2	10 + 1	7 + 0	0 + 3	2 + 10	7 + 6
0 + 8	8 + 8	5 + 8	8 + 1	3 + 6	1 + 0	1 + 1	2 + 0	3 + 10	1 + 5
0 + 6	4 + 6	1 + 2	3 + 7	2 + 3	9 + 9	1 + 3	9 + 5	1 + 7	5 + 10
5 + 9	3 + 1	10 + 10	6 + 2	9 + 4	7 + 5	9 + 2	5 + 4	10 + 3	3 + 0
0 + 7	10 + 1	5 + 2	10 + 9	6 + 8	7 + 2	6 + 8	4 + 6	4 + 3	0 + 1
9 + 4	8 + 9	2 + 4	6 + 7	8 + 7	7 + 6	7 + 4	3 + 3	8 + 1	7 + 2
5 + 4	8 + 7	2 + 6	4 + 1	3 + 5	1 + 6	5 + 1	9 + 9	7 + 4	10 + 7
0 + 8	4 + 7	2 + 0	0 + 0	10 + 10	6 + 9	2 + 9	7 + 3	6 + 3	2 + 8
1 + 4	6 + 2	3 + 5	8 + 10	7 + 0	9 + 6	2 + 10	6 + 7	8 + 10	9 + 6
10 + 4	4 + 5	9 + 1	10 + 5	0 + 3	9 + 2	6 + 5	8 + 8	6 + 8	4 + 5

Addition Drills 0 - 10

Name

Score / 100

Time :

9 + 0	6 + 8	6 + 1	2 + 3	8 + 6	10 + 4	7 + 5	7 + 9	2 + 7	10 + 10
4 + 7	6 + 0	3 + 10	9 + 5	6 + 3	1 + 2	7 + 4	9 + 1	10 + 0	3 + 0
8 + 8	1 + 4	0 + 8	6 + 10	10 + 5	2 + 9	9 + 3	1 + 8	8 + 1	9 + 5
1 + 2	0 + 10	7 + 6	7 + 3	9 + 7	5 + 2	10 + 0	2 + 2	9 + 4	3 + 7
3 + 10	8 + 2	10 + 2	7 + 6	0 + 1	3 + 3	1 + 1	0 + 1	2 + 0	0 + 7
5 + 1	5 + 4	6 + 5	2 + 10	3 + 7	1 + 5	10 + 9	5 + 7	7 + 5	1 + 10
0 + 3	1 + 9	6 + 2	5 + 7	7 + 4	5 + 3	4 + 6	3 + 0	8 + 8	8 + 10
3 + 9	7 + 1	5 + 6	0 + 4	4 + 4	2 + 1	10 + 9	5 + 5	5 + 6	3 + 8
4 + 9	1 + 9	9 + 4	4 + 0	4 + 8	4 + 9	8 + 3	4 + 7	0 + 0	0 + 6
9 + 6	1 + 5	2 + 10	2 + 4	7 + 3	8 + 1	3 + 8	8 + 9	6 + 2	2 + 2

Addition Drills 0 – 10

Name	Score	Time
	/ 100	:

9 + 3	7 + 7	9 + 7	9 + 3	10 + 4	3 + 10	6 + 8	5 + 9	0 + 4	7 + 6
1 + 0	4 + 9	9 + 4	1 + 3	8 + 1	4 + 2	5 + 6	3 + 9	7 + 8	8 + 5
3 + 4	0 + 3	0 + 2	2 + 0	2 + 5	2 + 7	2 + 1	3 + 5	6 + 8	0 + 9
4 + 8	1 + 10	0 + 7	0 + 4	6 + 10	10 + 6	1 + 4	2 + 7	1 + 9	10 + 6
10 + 1	5 + 8	9 + 1	4 + 4	8 + 4	7 + 0	9 + 4	4 + 2	0 + 0	4 + 9
2 + 5	6 + 3	3 + 9	3 + 0	5 + 2	2 + 2	8 + 2	4 + 7	10 + 6	5 + 3
1 + 5	10 + 3	6 + 0	9 + 7	4 + 1	3 + 8	8 + 4	3 + 1	9 + 8	7 + 5
1 + 0	7 + 7	8 + 1	9 + 10	5 + 3	5 + 0	7 + 2	7 + 8	7 + 6	10 + 2
2 + 10	4 + 5	8 + 1	6 + 10	1 + 0	9 + 3	0 + 2	10 + 9	5 + 10	3 + 5
1 + 7	6 + 10	6 + 7	5 + 9	1 + 9	6 + 8	4 + 1	10 + 0	7 + 10	8 + 5

Addition Drills 0 - 10

Name

Score / 100

Time :

10 +10	9 +7	10 +6	6 +2	4 +2	1 +8	0 +9	1 +1	5 +7	7 +5
1 +9	8 +6	0 +3	8 +4	3 +2	10 +1	7 +1	1 +10	7 +10	7 +5
10 +6	3 +7	8 +4	9 +8	3 +9	7 +6	0 +5	0 +6	5 +7	10 +4
0 +4	8 +5	8 +1	10 +7	9 +6	1 +9	5 +5	9 +6	10 +2	4 +8
1 +7	3 +3	6 +1	6 +1	2 +2	9 +8	6 +9	8 +1	9 +0	10 +1
2 +2	9 +2	5 +3	9 +9	6 +6	0 +3	3 +0	5 +10	2 +10	2 +3
4 +8	3 +10	4 +3	10 +7	0 +8	7 +8	3 +5	7 +4	1 +8	4 +2
4 +0	8 +10	6 +6	4 +4	8 +9	2 +2	6 +9	3 +7	6 +3	2 +6
1 +7	2 +0	0 +5	2 +4	9 +10	7 +5	6 +9	8 +1	5 +0	2 +10
4 +0	0 +10	8 +3	4 +4	2 +0	1 +0	5 +5	5 +0	7 +7	5 +8

Addition Drills 0 – 10

Name

Score / 100

Time :

0 + 6	2 + 4	10 + 8	9 + 5	5 + 6	9 + 4	2 + 5	2 + 2	9 + 7	7 + 5
5 + 4	0 + 0	2 + 9	8 + 9	8 + 0	4 + 7	2 + 8	9 + 5	3 + 2	1 + 1
5 + 8	2 + 8	3 + 1	1 + 5	10 + 8	9 + 7	2 + 6	9 + 8	10 + 1	4 + 9
7 + 8	1 + 4	4 + 10	1 + 10	3 + 7	1 + 0	3 + 9	2 + 3	10 + 0	6 + 3
5 + 2	8 + 4	4 + 6	8 + 2	8 + 0	4 + 10	6 + 10	6 + 7	3 + 9	5 + 4
8 + 1	7 + 3	7 + 0	9 + 3	5 + 9	3 + 2	9 + 5	5 + 2	10 + 2	4 + 1
2 + 6	9 + 4	4 + 1	7 + 0	7 + 3	4 + 10	0 + 6	0 + 10	10 + 10	7 + 7
5 + 8	9 + 2	1 + 3	8 + 7	5 + 10	3 + 6	6 + 10	3 + 6	6 + 0	0 + 1
4 + 9	6 + 1	10 + 7	4 + 5	10 + 4	3 + 3	7 + 9	1 + 2	0 + 8	8 + 1
10 + 0	6 + 7	0 + 3	10 + 5	0 + 4	6 + 9	1 + 10	6 + 6	5 + 4	8 + 3

Addition Drills 0 - 10

Name   Score / 100   Time :

7 + 8	0 + 0	7 + 5	5 + 10	10 + 1	0 + 8	0 + 2	1 + 3	4 + 10	10 + 3
8 + 9	5 + 5	10 + 2	7 + 0	1 + 9	2 + 8	4 + 7	4 + 7	10 + 1	2 + 10
9 + 1	5 + 9	9 + 2	7 + 10	8 + 9	3 + 1	2 + 1	3 + 5	1 + 2	8 + 4
5 + 3	5 + 0	1 + 6	6 + 4	2 + 0	7 + 3	6 + 4	3 + 8	5 + 8	10 + 1
6 + 1	9 + 6	4 + 10	10 + 5	1 + 10	9 + 9	7 + 7	5 + 9	8 + 5	10 + 5
4 + 5	0 + 5	7 + 0	4 + 6	5 + 2	1 + 6	6 + 3	0 + 4	10 + 6	0 + 4
8 + 2	7 + 2	3 + 3	3 + 10	6 + 4	9 + 0	9 + 9	3 + 9	2 + 1	6 + 4
1 + 8	2 + 8	9 + 7	1 + 3	3 + 3	1 + 6	2 + 8	6 + 8	0 + 1	4 + 0
5 + 4	1 + 2	5 + 9	10 + 7	8 + 7	3 + 7	6 + 7	8 + 0	2 + 0	0 + 6
4 + 9	2 + 6	0 + 2	9 + 10	9 + 10	8 + 3	7 + 0	3 + 2	10 + 5	2 + 8

Addition Drills 0 - 10

Name	Score	Time
	/ 100	:

0 + 4	8 + 10	1 + 4	1 + 5	10 + 10	8 + 1	7 + 4	3 + 6	5 + 3	3 + 4
4 + 7	7 + 5	1 + 0	10 + 6	4 + 1	1 + 1	7 + 8	2 + 7	2 + 8	10 + 8
7 + 9	10 + 6	3 + 5	2 + 6	0 + 3	1 + 0	7 + 9	10 + 0	9 + 5	7 + 4
8 + 0	3 + 4	4 + 0	4 + 9	10 + 2	5 + 2	2 + 1	5 + 10	10 + 10	1 + 9
4 + 9	5 + 8	4 + 4	0 + 5	3 + 3	0 + 1	8 + 8	6 + 2	2 + 8	6 + 3
5 + 0	0 + 7	5 + 6	7 + 6	9 + 9	5 + 0	5 + 2	0 + 6	1 + 3	6 + 7
3 + 2	9 + 6	9 + 1	2 + 7	9 + 8	7 + 2	1 + 10	7 + 3	4 + 8	7 + 4
2 + 10	10 + 0	5 + 5	2 + 4	2 + 10	6 + 5	8 + 3	1 + 2	9 + 3	2 + 7
9 + 2	8 + 10	4 + 10	9 + 7	0 + 10	6 + 8	3 + 5	0 + 3	10 + 7	9 + 3
3 + 0	10 + 6	6 + 2	3 + 5	4 + 9	6 + 1	6 + 6	9 + 9	8 + 9	8 + 5

Name _____ **Score** / 100 **Time** :

Addition Drills 0 – 20

2 + 17	7 + 14	13 + 13	17 + 17	8 + 2	19 + 3	8 + 5	13 + 18	3 + 1	8 + 4
18 + 7	14 + 19	17 + 14	8 + 12	11 + 17	19 + 1	19 + 16	11 + 13	17 + 6	7 + 1
18 + 9	1 + 2	16 + 11	4 + 10	1 + 8	19 + 10	12 + 15	3 + 9	17 + 19	5 + 5
6 + 11	3 + 18	4 + 12	14 + 20	1 + 17	14 + 7	6 + 9	5 + 12	2 + 6	10 + 18
11 + 4	18 + 8	2 + 18	5 + 16	11 + 8	9 + 8	16 + 12	3 + 10	19 + 18	7 + 13
16 + 1	6 + 1	14 + 3	10 + 11	6 + 10	9 + 7	14 + 2	13 + 15	16 + 6	7 + 18
9 + 13	8 + 7	12 + 14	6 + 15	13 + 4	20 + 17	2 + 10	12 + 10	4 + 2	6 + 20
2 + 19	18 + 0	17 + 4	2 + 0	6 + 19	13 + 9	20 + 0	17 + 15	17 + 2	11 + 12
5 + 17	3 + 5	12 + 9	11 + 10	3 + 19	11 + 3	18 + 4	3 + 3	10 + 4	2 + 1
8 + 6	4 + 13	15 + 0	2 + 16	18 + 1	6 + 2	1 + 18	4 + 11	16 + 9	19 + 12

Addition Drills 0 – 20

Name **___** Score **___ / 100** Time **___ : ___**

2 + 12	14 + 6	4 + 3	17 + 15	16 + 4	6 + 14	13 + 4	6 + 10	6 + 16	8 + 5
19 + 13	7 + 19	6 + 12	20 + 8	16 + 12	2 + 6	17 + 14	9 + 15	15 + 2	17 + 9
19 + 14	12 + 7	12 + 20	18 + 18	7 + 13	4 + 0	8 + 10	5 + 15	20 + 12	3 + 10
19 + 4	1 + 0	17 + 19	15 + 10	15 + 4	19 + 19	6 + 6	1 + 19	7 + 6	14 + 1
1 + 3	8 + 2	12 + 11	6 + 20	10 + 1	2 + 5	5 + 9	15 + 8	3 + 19	4 + 16
19 + 0	1 + 15	20 + 3	9 + 6	8 + 14	18 + 2	9 + 16	16 + 19	13 + 15	1 + 14
2 + 14	14 + 17	11 + 13	14 + 15	4 + 15	18 + 5	4 + 7	1 + 16	11 + 3	11 + 4
13 + 8	7 + 3	0 + 19	11 + 7	3 + 17	6 + 9	15 + 5	18 + 6	2 + 2	12 + 16
12 + 13	10 + 3	5 + 4	11 + 9	18 + 12	4 + 17	17 + 11	1 + 7	10 + 9	10 + 20
15 + 9	11 + 14	11 + 19	18 + 4	19 + 16	9 + 11	2 + 16	4 + 18	3 + 5	19 + 11

Addition Drills 0 - 20

Name _____   **Score** / 100   **Time** __:__

4 + 9	4 + 6	10 + 14	11 + 11	15 + 19	5 + 4	3 + 18	0 + 10	19 + 8	7 + 11
12 + 15	6 + 11	20 + 3	19 + 10	10 + 1	19 + 1	19 + 2	20 + 10	10 + 3	15 + 16
8 + 8	12 + 13	9 + 15	12 + 14	5 + 7	5 + 15	17 + 15	8 + 9	3 + 13	6 + 7
15 + 1	0 + 14	0 + 5	4 + 1	18 + 10	0 + 16	14 + 12	3 + 5	2 + 5	11 + 5
5 + 3	16 + 5	4 + 4	14 + 10	8 + 18	17 + 8	1 + 7	7 + 18	13 + 4	10 + 11
16 + 16	7 + 9	1 + 5	12 + 3	7 + 10	16 + 10	16 + 17	18 + 15	1 + 20	7 + 8
2 + 2	19 + 6	11 + 15	18 + 4	20 + 19	14 + 19	9 + 9	16 + 7	4 + 19	12 + 11
7 + 16	11 + 10	0 + 18	3 + 11	5 + 9	13 + 5	14 + 17	6 + 3	10 + 12	6 + 17
2 + 7	1 + 11	12 + 2	8 + 16	15 + 3	15 + 0	4 + 8	4 + 2	16 + 4	14 + 20
16 + 12	18 + 9	5 + 1	9 + 14	9 + 5	6 + 1	2 + 9	5 + 10	9 + 6	20 + 14

Addition Drills 0 – 20

Name	Score	Time
	/ 100	:

4 + 16	2 + 4	5 + 2	7 + 17	5 + 7	2 + 14	8 + 12	15 + 15	9 + 1	9 + 8
1 + 19	0 + 2	19 + 18	5 + 17	0 + 10	4 + 11	11 + 19	4 + 3	0 + 9	14 + 13
10 + 16	4 + 19	13 + 3	9 + 0	19 + 9	8 + 18	1 + 5	15 + 0	5 + 6	17 + 9
17 + 15	3 + 10	4 + 9	7 + 16	18 + 5	15 + 2	8 + 16	9 + 5	19 + 11	3 + 6
3 + 19	18 + 20	7 + 20	4 + 8	16 + 1	15 + 3	19 + 0	12 + 6	14 + 7	11 + 12
13 + 17	10 + 14	12 + 9	17 + 12	11 + 6	12 + 17	7 + 4	11 + 8	5 + 16	16 + 19
1 + 17	6 + 6	6 + 5	13 + 12	14 + 11	6 + 1	8 + 15	10 + 4	10 + 13	17 + 18
16 + 15	9 + 4	2 + 18	11 + 16	11 + 4	8 + 7	12 + 8	8 + 17	3 + 16	18 + 10
18 + 11	8 + 2	9 + 17	7 + 13	9 + 2	20 + 10	11 + 20	4 + 2	2 + 2	5 + 12
5 + 20	16 + 20	5 + 10	10 + 10	3 + 14	9 + 18	15 + 20	9 + 9	7 + 8	13 + 1

Addition Drills 0 – 20

Name _____ **Score** / 100 **Time** :

10 + 16	12 + 7	5 + 5	16 + 14	18 + 16	11 + 18	0 + 14	15 + 10	1 + 12	20 + 8
16 + 18	8 + 4	11 + 2	2 + 15	13 + 17	1 + 13	7 + 20	8 + 9	1 + 5	2 + 2
12 + 17	12 + 8	5 + 11	15 + 2	18 + 1	13 + 8	14 + 1	1 + 0	6 + 15	17 + 7
11 + 15	6 + 14	6 + 11	12 + 3	11 + 0	10 + 2	15 + 15	1 + 19	13 + 13	1 + 7
16 + 13	11 + 1	0 + 11	11 + 17	12 + 4	10 + 10	4 + 0	16 + 6	8 + 7	9 + 10
17 + 14	11 + 20	14 + 17	14 + 13	14 + 14	14 + 15	1 + 14	5 + 0	12 + 5	4 + 7
5 + 14	18 + 6	16 + 17	10 + 1	6 + 19	3 + 15	17 + 16	14 + 5	15 + 11	12 + 13
19 + 10	9 + 11	8 + 20	8 + 19	16 + 10	3 + 8	15 + 13	9 + 1	17 + 3	3 + 16
11 + 6	5 + 13	8 + 3	7 + 6	13 + 6	1 + 2	0 + 4	3 + 7	16 + 19	3 + 5
4 + 2	8 + 12	8 + 15	8 + 1	13 + 15	11 + 13	3 + 17	1 + 17	0 + 3	3 + 1

Addition Drills 0 - 20

Name

Score / 100

Time :

10	17	0	10	10	8	6	9	11	13
+ 19	+ 16	+ 19	+ 5	+ 18	+ 0	+ 19	+ 9	+ 13	+ 13

0	16	15	5	1	4	6	2	16	14
+ 3	+ 5	+ 2	+ 20	+ 15	+ 18	+ 1	+ 13	+ 10	+ 13

4	0	19	12	11	3	15	16	3	1
+ 15	+ 12	+ 8	+ 10	+ 17	+ 8	+ 20	+ 7	+ 11	+ 18

14	14	14	13	19	3	7	10	9	12
+ 10	+ 11	+ 5	+ 1	+ 0	+ 4	+ 6	+ 15	+ 4	+ 16

2	5	9	19	12	18	14	14	4	9
+ 6	+ 15	+ 16	+ 14	+ 5	+ 8	+ 7	+ 15	+ 2	+ 15

10	8	1	3	9	0	6	12	1	13
+ 12	+ 19	+ 19	+ 18	+ 8	+ 2	+ 8	+ 3	+ 16	+ 18

7	1	20	7	17	11	20	13	2	20
+ 19	+ 14	+ 10	+ 7	+ 13	+ 12	+ 14	+ 12	+ 20	+ 7

7	8	10	14	19	12	3	17	20	11
+ 12	+ 16	+ 6	+ 14	+ 6	+ 6	+ 6	+ 7	+ 12	+ 2

11	8	16	3	15	6	0	15	0	13
+ 7	+ 18	+ 1	+ 1	+ 9	+ 3	+ 1	+ 6	+ 14	+ 10

9	2	8	10	7	10	13	7	18	8
+ 18	+ 14	+ 12	+ 13	+ 17	+ 8	+ 4	+ 14	+ 18	+ 6

Addition Drills 0 – 20

Name

Score / 100

Time :

15	8	11	17	12	13	12	0	4	14
+ 1	+ 18	+ 3	+ 1	+ 1	+ 14	+ 19	+ 19	+ 17	+ 3
17	1	1	9	13	18	8	11	2	9
+ 0	+ 2	+ 16	+ 15	+ 18	+ 19	+ 20	+ 12	+ 6	+ 12
3	16	18	12	14	3	17	4	18	2
+ 10	+ 14	+ 18	+ 16	+ 16	+ 17	+ 12	+ 7	+ 9	+ 12
9	8	3	7	8	16	8	0	3	4
+ 2	+ 15	+ 14	+ 12	+ 9	+ 17	+ 2	+ 7	+ 3	+ 13
1	14	2	16	14	4	2	11	11	8
+ 17	+ 1	+ 16	+ 3	+ 13	+ 0	+ 1	+ 4	+ 20	+ 5
20	11	3	6	1	0	13	17	14	13
+ 6	+ 17	+ 11	+ 19	+ 11	+ 3	+ 11	+ 5	+ 4	+ 12
18	6	16	12	5	17	12	5	1	7
+ 0	+ 3	+ 19	+ 5	+ 16	+ 8	+ 6	+ 18	+ 3	+ 5
9	19	1	11	11	13	18	15	7	10
+ 9	+ 10	+ 8	+ 0	+ 16	+ 17	+ 11	+ 6	+ 3	+ 6
14	11	6	4	3	1	3	8	4	16
+ 12	+ 7	+ 18	+ 11	+ 9	+ 15	+ 7	+ 12	+ 1	+ 15
8	7	8	18	18	16	18	14	19	20
+ 13	+ 1	+ 1	+ 6	+ 13	+ 8	+ 5	+ 5	+ 0	+ 4

Addition Drills 0 – 20

Name   Score   / 100   Time   :

7 + 20	18 + 8	15 + 16	16 + 8	7 + 6	19 + 13	18 + 2	15 + 4	16 + 3	4 + 20
12 + 18	9 + 9	5 + 18	8 + 15	3 + 17	14 + 11	15 + 14	11 + 14	5 + 13	13 + 18
2 + 9	16 + 0	8 + 20	14 + 10	18 + 15	2 + 19	6 + 9	10 + 9	4 + 17	8 + 1
4 + 10	11 + 8	19 + 4	11 + 1	18 + 4	10 + 7	17 + 4	17 + 7	10 + 8	1 + 13
19 + 19	9 + 16	9 + 2	10 + 1	4 + 6	9 + 4	8 + 13	12 + 15	4 + 15	1 + 2
7 + 1	11 + 17	1 + 12	11 + 12	19 + 3	15 + 9	18 + 1	14 + 14	17 + 17	20 + 16
0 + 13	8 + 6	20 + 8	0 + 4	14 + 7	14 + 2	9 + 10	20 + 12	15 + 17	5 + 17
9 + 19	15 + 11	0 + 10	18 + 5	2 + 11	1 + 18	9 + 1	20 + 13	11 + 7	8 + 8
16 + 2	5 + 7	2 + 3	8 + 11	17 + 1	13 + 9	4 + 5	16 + 10	5 + 3	1 + 7
3 + 8	1 + 8	0 + 1	8 + 0	4 + 19	15 + 19	5 + 11	9 + 17	10 + 18	0 + 2

				Name		Score		Time	

Addition Drills 0 – 20

Score: / 100

Time: :

18	14	20	17	15	5	1	4	3	6
+ 12	+ 3	+ 4	+ 16	+ 12	+ 12	+ 9	+ 8	+ 5	+ 12

15	19	14	2	16	14	1	18	3	9
+ 19	+ 15	+ 8	+ 12	+ 9	+ 2	+ 0	+ 3	+ 19	+ 18

16	10	14	17	20	17	14	2	14	9
+ 19	+ 10	+ 6	+ 8	+ 13	+ 18	+ 7	+ 19	+ 20	+ 12

2	1	17	11	11	5	16	16	9	1
+ 5	+ 7	+ 3	+ 1	+ 0	+ 4	+ 8	+ 16	+ 8	+ 8

11	12	12	8	18	10	9	16	19	13
+ 14	+ 2	+ 16	+ 14	+ 19	+ 4	+ 17	+ 11	+ 3	+ 11

17	8	2	11	10	19	13	15	2	10
+ 20	+ 13	+ 6	+ 6	+ 5	+ 2	+ 18	+ 1	+ 13	+ 1

12	17	16	12	17	14	14	3	8	5
+ 5	+ 6	+ 10	+ 15	+ 12	+ 19	+ 1	+ 13	+ 5	+ 8

16	17	8	15	14	9	10	12	4	13
+ 7	+ 1	+ 12	+ 20	+ 4	+ 7	+ 6	+ 1	+ 16	+ 9

5	17	8	18	0	3	0	7	15	18
+ 5	+ 7	+ 17	+ 4	+ 12	+ 7	+ 10	+ 17	+ 16	+ 11

16	4	7	11	1	6	18	16	7	5
+ 12	+ 1	+ 5	+ 12	+ 10	+ 20	+ 17	+ 17	+ 15	+ 1

10 + 6	7 + 8	12 + 12	18 + 15	10 + 7	5 + 17	6 + 19	20 + 10	19 + 3	2 + 18
10 + 14	9 + 12	17 + 9	7 + 15	20 + 7	3 + 14	15 + 1	8 + 16	1 + 9	4 + 11
9 + 11	8 + 10	18 + 5	15 + 15	3 + 13	8 + 2	17 + 8	4 + 15	10 + 2	5 + 3
15 + 3	4 + 12	2 + 5	11 + 3	9 + 9	19 + 11	9 + 19	7 + 19	14 + 13	15 + 11
13 + 7	18 + 1	17 + 7	17 + 12	19 + 6	19 + 2	6 + 6	16 + 5	2 + 10	4 + 20
4 + 19	3 + 6	19 + 5	1 + 18	8 + 14	10 + 8	8 + 19	10 + 17	3 + 2	13 + 8
10 + 5	7 + 13	3 + 19	18 + 10	5 + 1	14 + 12	16 + 7	20 + 3	11 + 7	2 + 6
9 + 6	1 + 16	6 + 13	8 + 3	7 + 17	5 + 6	5 + 5	6 + 16	15 + 5	7 + 16
17 + 3	3 + 1	18 + 2	11 + 12	10 + 13	14 + 11	13 + 11	5 + 19	2 + 14	18 + 7
1 + 7	11 + 10	4 + 7	8 + 7	4 + 16	17 + 5	0 + 6	15 + 13	6 + 18	16 + 11

Addition Drills 0 - 20

Name _____ **Score** / 100 **Time** :

14 + 19	6 + 17	1 + 16	11 + 15	14 + 6	3 + 9	7 + 2	19 + 10	14 + 20	9 + 13
16 + 16	15 + 18	13 + 3	13 + 16	14 + 1	4 + 12	8 + 9	3 + 7	16 + 15	14 + 5
17 + 18	13 + 19	1 + 10	18 + 11	8 + 2	4 + 16	12 + 17	4 + 9	4 + 18	3 + 15
1 + 13	2 + 11	1 + 18	19 + 12	6 + 4	16 + 18	12 + 3	4 + 14	2 + 3	18 + 4
13 + 2	8 + 12	17 + 6	2 + 2	17 + 11	10 + 2	18 + 3	11 + 6	17 + 9	16 + 20
0 + 15	5 + 1	4 + 10	17 + 0	17 + 17	0 + 0	9 + 6	8 + 11	2 + 14	0 + 2
15 + 19	12 + 13	7 + 3	6 + 8	11 + 2	1 + 2	3 + 1	18 + 2	5 + 20	11 + 10
19 + 9	2 + 18	16 + 11	1 + 5	14 + 3	9 + 4	11 + 17	14 + 15	18 + 18	13 + 7
12 + 0	9 + 1	11 + 3	3 + 6	16 + 13	17 + 15	2 + 1	11 + 5	8 + 17	5 + 0
13 + 1	9 + 14	16 + 4	11 + 4	6 + 9	8 + 14	13 + 17	17 + 14	12 + 5	20 + 9

Addition Drills 0 – 50

Name

Score /100

Time :

37 + 10	21 + 4	34 + 7	3 + 4	4 + 13	15 + 1	50 + 13	17 + 20	38 + 19	25 + 5
47 + 14	7 + 16	36 + 11	27 + 14	50 + 18	46 + 7	18 + 14	2 + 10	26 + 16	9 + 1
9 + 0	33 + 19	5 + 10	46 + 13	30 + 8	33 + 10	18 + 16	6 + 1	18 + 13	23 + 2
42 + 7	10 + 4	36 + 20	34 + 6	31 + 17	24 + 19	38 + 10	4 + 18	2 + 4	35 + 5
32 + 17	6 + 11	11 + 9	49 + 11	29 + 0	7 + 18	16 + 1	10 + 16	41 + 9	12 + 3
40 + 13	3 + 15	37 + 18	35 + 4	0 + 3	47 + 4	23 + 19	12 + 13	49 + 6	0 + 2
36 + 12	33 + 14	14 + 5	5 + 12	47 + 11	22 + 0	40 + 7	32 + 11	34 + 2	43 + 8
50 + 19	47 + 2	30 + 5	29 + 4	6 + 14	45 + 9	1 + 7	2 + 1	30 + 9	5 + 8
12 + 7	38 + 9	8 + 17	50 + 9	31 + 18	31 + 15	4 + 1	35 + 18	6 + 20	22 + 15
5 + 7	17 + 6	25 + 12	25 + 9	13 + 12	17 + 3	3 + 14	10 + 0	16 + 4	23 + 11

Addition Drills 0 – 50

Name _____ **Score** / 100 **Time** :

31 + 20	0 + 14	17 + 2	46 + 6	28 + 10	3 + 14	12 + 8	47 + 17	44 + 5	8 + 4
11 + 1	39 + 11	31 + 4	13 + 17	4 + 2	22 + 13	31 + 8	13 + 3	36 + 2	44 + 19
23 + 3	4 + 11	33 + 3	34 + 6	31 + 12	5 + 6	46 + 15	38 + 11	11 + 9	5 + 3
42 + 2	12 + 9	2 + 8	3 + 17	7 + 16	5 + 15	20 + 4	36 + 1	49 + 4	45 + 10
26 + 19	11 + 10	1 + 3	37 + 18	32 + 15	47 + 5	1 + 15	5 + 7	46 + 13	26 + 5
4 + 17	9 + 16	24 + 7	45 + 14	1 + 14	28 + 0	28 + 12	31 + 18	44 + 15	22 + 18
33 + 4	9 + 8	43 + 17	37 + 13	7 + 7	34 + 13	20 + 13	38 + 8	13 + 0	43 + 19
9 + 19	36 + 8	5 + 4	24 + 4	10 + 13	30 + 18	34 + 15	47 + 13	29 + 5	31 + 13
28 + 4	16 + 19	11 + 19	7 + 9	36 + 15	16 + 5	6 + 7	28 + 18	45 + 19	8 + 1
1 + 10	50 + 20	23 + 8	5 + 0	19 + 20	30 + 16	9 + 3	4 + 0	23 + 9	0 + 19

Addition Drills 0 - 50

Name

Score / 100

Time :

5 + 1	35 + 15	14 + 9	32 + 19	7 + 2	42 + 10	0 + 14	37 + 9	2 + 1	48 + 14
19 + 12	23 + 6	22 + 10	40 + 16	5 + 4	42 + 0	18 + 13	45 + 8	49 + 9	30 + 9
38 + 19	24 + 5	32 + 9	8 + 2	47 + 6	1 + 14	33 + 1	13 + 10	29 + 8	16 + 15
32 + 17	44 + 19	13 + 17	8 + 7	40 + 6	22 + 12	47 + 8	7 + 4	33 + 20	18 + 14
43 + 16	8 + 3	18 + 6	19 + 8	42 + 12	6 + 17	41 + 18	5 + 10	50 + 16	15 + 16
14 + 12	43 + 9	14 + 3	5 + 17	17 + 7	37 + 7	20 + 18	49 + 2	41 + 3	24 + 17
48 + 7	23 + 12	34 + 0	15 + 12	11 + 17	34 + 11	22 + 5	47 + 14	43 + 4	11 + 11
4 + 9	42 + 16	21 + 18	46 + 0	35 + 17	17 + 9	42 + 18	7 + 20	48 + 13	23 + 2
28 + 15	8 + 18	33 + 17	24 + 15	14 + 5	31 + 9	15 + 0	2 + 14	9 + 16	5 + 6
46 + 7	25 + 4	36 + 10	5 + 19	37 + 4	37 + 3	15 + 19	6 + 11	20 + 4	44 + 12

Addition Drills 0 – 50

Name Score / 100 Time :

39	24	29	19	24	2	4	12	13	37
+ 1	+ 11	+ 12	+ 17	+ 7	+ 3	+ 2	+ 4	+ 16	+ 7

33	19	7	21	7	6	33	1	36	16
+ 3	+ 14	+ 2	+ 16	+ 1	+ 13	+ 4	+ 7	+ 1	+ 11

29	13	14	46	45	3	23	34	20	9
+ 11	+ 14	+ 15	+ 6	+ 19	+ 9	+ 13	+ 16	+ 10	+ 11

35	12	23	5	25	23	39	45	21	8
+ 9	+ 8	+ 18	+ 18	+ 5	+ 4	+ 2	+ 13	+ 8	+ 3

40	6	29	37	33	31	18	43	24	13
+ 16	+ 3	+ 4	+ 8	+ 19	+ 16	+ 0	+ 16	+ 17	+ 0

9	42	25	33	37	19	17	38	16	41
+ 2	+ 14	+ 17	+ 7	+ 0	+ 0	+ 1	+ 18	+ 2	+ 5

8	11	30	41	12	7	48	48	33	28
+ 15	+ 11	+ 13	+ 15	+ 2	+ 3	+ 14	+ 9	+ 14	+ 8

32	28	24	13	24	2	43	45	4	3
+ 13	+ 12	+ 6	+ 19	+ 8	+ 0	+ 9	+ 5	+ 17	+ 18

5	43	48	21	35	5	1	8	25	31
+ 13	+ 4	+ 17	+ 2	+ 15	+ 12	+ 20	+ 10	+ 6	+ 15

25	14	39	19	33	14	39	39	49	50
+ 3	+ 10	+ 14	+ 16	+ 13	+ 20	+ 15	+ 6	+ 12	+ 19

Addition Drills 0 - 50

Name

Score / 100

Time :

18	9	10	42	42	21	6	6	19	34
+ 14	+ 13	+ 1	+ 18	+ 2	+ 12	+ 8	+ 15	+ 14	+ 16

6	31	8	43	42	28	49	37	48	20
+ 19	+ 6	+ 11	+ 8	+ 6	+ 14	+ 4	+ 3	+ 17	+ 7

40	28	8	37	16	43	22	41	4	24
+ 0	+ 0	+ 20	+ 11	+ 13	+ 2	+ 4	+ 9	+ 18	+ 13

9	3	27	30	33	39	14	2	19	6
+ 9	+ 11	+ 14	+ 19	+ 20	+ 11	+ 6	+ 2	+ 12	+ 4

41	4	22	13	18	3	18	9	47	24
+ 6	+ 4	+ 9	+ 16	+ 6	+ 1	+ 15	+ 7	+ 0	+ 9

19	45	43	42	8	3	39	41	18	6
+ 16	+ 7	+ 6	+ 3	+ 14	+ 9	+ 6	+ 18	+ 17	+ 2

22	29	45	9	6	8	7	41	20	18
+ 16	+ 7	+ 14	+ 10	+ 14	+ 7	+ 13	+ 0	+ 15	+ 2

30	31	12	15	47	49	45	1	11	22
+ 3	+ 13	+ 12	+ 1	+ 6	+ 2	+ 8	+ 11	+ 11	+ 3

7	1	16	24	25	24	10	6	20	28
+ 7	+ 10	+ 2	+ 16	+ 0	+ 6	+ 19	+ 6	+ 3	+ 16

35	23	32	40	14	48	5	5	29	41
+ 1	+ 15	+ 5	+ 17	+ 4	+ 5	+ 3	+ 11	+ 3	+ 7

	Name	Score	Time
Addition Drills 0 – 50		/ 100	:

33 + 18	32 + 12	49 + 3	0 + 13	49 + 15	24 + 15	49 + 4	30 + 5	29 + 16	50 + 5
3 + 9	2 + 16	48 + 12	7 + 15	23 + 13	8 + 17	30 + 11	32 + 16	29 + 13	17 + 7
10 + 13	40 + 12	36 + 19	8 + 4	48 + 16	48 + 5	5 + 4	44 + 17	33 + 8	1 + 5
9 + 6	30 + 12	9 + 9	28 + 17	33 + 19	2 + 8	32 + 9	4 + 0	21 + 18	40 + 13
35 + 18	45 + 7	23 + 8	45 + 15	49 + 19	17 + 19	24 + 10	0 + 2	39 + 15	32 + 3
7 + 1	40 + 6	10 + 14	29 + 9	39 + 13	48 + 2	22 + 11	30 + 14	36 + 16	48 + 3
47 + 19	47 + 10	16 + 1	46 + 3	21 + 19	12 + 14	14 + 13	26 + 13	5 + 11	8 + 16
42 + 9	48 + 7	49 + 5	26 + 19	46 + 6	19 + 19	38 + 10	10 + 4	5 + 6	1 + 2
38 + 9	21 + 5	41 + 16	1 + 18	30 + 3	32 + 4	15 + 10	49 + 12	27 + 2	28 + 19
11 + 2	29 + 5	47 + 15	23 + 6	28 + 1	1 + 8	20 + 3	45 + 14	20 + 15	47 + 20

Name   **Score**   **Time**

/ 100   :

24	0	27	42	30	7	30	29	26	23
+ 4	+ 1	+ 7	+ 16	+ 8	+ 13	+ 10	+ 0	+ 16	+ 18

15	19	6	3	22	47	31	23	30	22
+ 19	+ 19	+ 19	+ 4	+ 19	+ 13	+ 8	+ 10	+ 16	+ 2

24	11	19	32	35	8	33	22	41	48
+ 13	+ 4	+ 2	+ 9	+ 3	+ 10	+ 9	+ 11	+ 1	+ 11

15	18	22	1	2	21	18	22	36	30
+ 13	+ 13	+ 10	+ 4	+ 1	+ 14	+ 7	+ 13	+ 3	+ 0

16	26	39	48	47	35	43	40	14	38
+ 13	+ 6	+ 8	+ 3	+ 18	+ 11	+ 17	+ 17	+ 12	+ 17

4	20	37	8	0	42	23	12	5	43
+ 9	+ 13	+ 10	+ 6	+ 16	+ 13	+ 19	+ 14	+ 1	+ 1

27	13	18	41	28	19	20	46	11	28
+ 17	+ 3	+ 17	+ 10	+ 12	+ 3	+ 15	+ 18	+ 18	+ 6

13	9	3	5	32	38	36	15	9	14
+ 13	+ 3	+ 1	+ 18	+ 2	+ 4	+ 15	+ 5	+ 6	+ 17

32	38	2	23	25	38	34	3	39	43
+ 13	+ 8	+ 7	+ 4	+ 11	+ 18	+ 2	+ 6	+ 18	+ 9

42	21	36	31	33	45	37	41	44	33
+ 3	+ 13	+ 19	+ 14	+ 12	+ 15	+ 7	+ 7	+ 6	+ 11

Name		Score		Time
		/ 100		:

Addition Drills 0 – 50

2	32	18	18	18	36	20	43	44	17
+ 17	+ 1	+ 16	+ 13	+ 19	+ 7	+ 20	+ 16	+ 4	+ 3
15	46	4	34	2	39	34	19	12	45
+ 18	+ 6	+ 19	+ 13	+ 12	+ 5	+ 17	+ 18	+ 12	+ 11
8	13	39	25	33	16	29	12	48	47
+ 6	+ 8	+ 12	+ 13	+ 3	+ 20	+ 2	+ 2	+ 6	+ 8
5	31	10	33	30	29	15	0	33	27
+ 14	+ 16	+ 9	+ 11	+ 20	+ 6	+ 16	+ 0	+ 10	+ 9
24	1	13	34	30	47	23	11	48	2
+ 1	+ 18	+ 16	+ 12	+ 6	+ 18	+ 9	+ 6	+ 19	+ 14
28	34	5	39	46	34	26	39	2	32
+ 1	+ 16	+ 5	+ 10	+ 1	+ 14	+ 8	+ 1	+ 13	+ 16
16	18	15	25	1	17	5	24	41	7
+ 11	+ 4	+ 4	+ 11	+ 7	+ 5	+ 17	+ 7	+ 10	+ 4
30	40	48	27	50	32	20	24	44	7
+ 8	+ 19	+ 16	+ 18	+ 14	+ 18	+ 18	+ 11	+ 5	+ 11
49	19	14	29	26	9	36	11	27	35
+ 8	+ 6	+ 18	+ 12	+ 9	+ 18	+ 8	+ 10	+ 6	+ 8
42	18	10	19	28	27	15	11	20	36
+ 4	+ 11	+ 4	+ 9	+ 14	+ 13	+ 8	+ 2	+ 19	+ 11

Addition Drills 0 – 50

Name

Score   / 100

Time   :

44 + 8	3 + 6	43 + 9	8 + 5	8 + 4	7 + 7	13 + 4	45 + 8	46 + 18	17 + 7
16 + 17	47 + 1	31 + 9	22 + 10	32 + 19	44 + 12	30 + 11	31 + 11	30 + 10	46 + 5
21 + 19	29 + 12	19 + 1	36 + 17	36 + 2	24 + 6	20 + 1	23 + 0	34 + 8	2 + 13
31 + 4	16 + 11	39 + 14	29 + 7	39 + 8	49 + 2	48 + 7	13 + 7	34 + 11	38 + 12
29 + 5	11 + 15	7 + 6	8 + 12	5 + 12	42 + 10	10 + 15	16 + 8	13 + 17	14 + 20
13 + 11	30 + 6	6 + 8	16 + 0	39 + 2	16 + 2	32 + 8	5 + 8	49 + 11	19 + 9
28 + 20	14 + 4	28 + 9	45 + 4	2 + 18	5 + 17	14 + 15	18 + 1	32 + 18	32 + 15
50 + 3	41 + 0	43 + 15	33 + 19	20 + 15	23 + 16	22 + 5	13 + 8	38 + 13	24 + 2
49 + 18	49 + 10	42 + 18	4 + 1	38 + 1	23 + 8	9 + 5	46 + 17	30 + 3	28 + 2
24 + 7	15 + 2	38 + 4	8 + 20	14 + 17	8 + 18	1 + 16	45 + 19	35 + 12	9 + 6

Addition Drills 0 - 50

Name

Score / 100

Time :

15	16	11	35	41	49	23	3	48	8
+ 5	+ 3	+ 1	+ 15	+ 14	+ 2	+ 15	+ 18	+ 11	+ 4
47	25	26	40	26	21	18	34	26	11
+ 14	+ 10	+ 19	+ 18	+ 10	+ 9	+ 12	+ 11	+ 5	+ 4
1	22	31	43	4	20	18	38	36	32
+ 18	+ 1	+ 18	+ 15	+ 2	+ 14	+ 16	+ 12	+ 17	+ 5
13	13	15	38	4	18	16	9	13	43
+ 16	+ 7	+ 11	+ 18	+ 10	+ 14	+ 19	+ 1	+ 9	+ 12
4	40	4	4	41	31	48	32	37	8
+ 1	+ 8	+ 14	+ 11	+ 2	+ 19	+ 4	+ 2	+ 2	+ 20
38	19	32	18	49	9	1	13	22	3
+ 14	+ 9	+ 15	+ 5	+ 1	+ 4	+ 17	+ 12	+ 4	+ 20
35	3	49	19	36	21	32	16	45	36
+ 13	+ 7	+ 20	+ 3	+ 16	+ 2	+ 7	+ 13	+ 2	+ 11
36	39	9	42	32	46	43	33	22	18
+ 12	+ 15	+ 16	+ 3	+ 19	+ 14	+ 2	+ 0	+ 13	+ 4
27	31	43	11	15	15	14	48	30	40
+ 4	+ 2	+ 16	+ 18	+ 16	+ 20	+ 3	+ 10	+ 5	+ 12
16	6	9	18	36	10	37	0	44	28
+ 12	+ 9	+ 14	+ 11	+ 6	+ 5	+ 10	+ 11	+ 8	+ 19

Subtraction Drills 0 - 10

Name

Score / 100

Time :

4 − 1	5 − 3	9 − 7	2 − 1	7 − 2	9 − 4	3 − 1	1 − 0	8 − 1	2 − 0
10 − 8	8 − 6	5 − 1	4 − 0	4 − 4	5 − 4	6 − 1	3 − 0	6 − 3	1 − 1
8 − 2	7 − 3	4 − 3	7 − 6	8 − 5	0 − 0	9 − 2	7 − 5	6 − 2	7 − 1
4 − 2	3 − 3	6 − 0	7 − 4	5 − 2	9 − 0	9 − 6	7 − 0	3 − 2	5 − 0
10 − 1	9 − 1	6 − 6	9 − 5	5 − 5	10 − 2	10 − 6	8 − 4	10 − 7	8 − 0
8 − 8	6 − 5	2 − 2	10 − 3	9 − 8	10 − 5	10 − 9	7 − 7	8 − 3	9 − 3
6 − 4	9 − 8	10 − 0	10 − 10	6 − 6	10 − 4	6 − 4	8 − 7	9 − 9	4 − 0
10 − 4	3 − 2	8 − 6	9 − 9	5 − 0	9 − 7	3 − 1	3 − 1	3 − 2	7 − 3
8 − 4	10 − 5	6 − 2	3 − 1	1 − 0	1 − 1	7 − 3	8 − 1	7 − 5	9 − 0
7 − 4	3 − 0	1 − 1	10 − 5	3 − 1	8 − 1	0 − 0	4 − 1	3 − 0	7 − 3

Subtraction Drills 0 - 10

Name ___ **Score** / 100 **Time** : ___

7	6	8	1	5	9	2	6	9	8
− 0	− 2	− 3	− 1	− 3	− 6	− 1	− 5	− 8	− 5

6	1	3	5	0	5	7	6	9	4
− 1	− 0	− 1	− 1	− 0	− 5	− 7	− 4	− 7	− 4

3	10	8	4	4	9	5	9	5	8
− 2	− 5	− 6	− 1	− 3	− 4	− 4	− 9	− 2	− 1

10	4	6	4	3	2	6	5	6	8
− 4	− 2	− 3	− 0	− 3	− 0	− 0	− 0	− 6	− 2

7	7	9	10	8	7	7	7	3	8
− 3	− 1	− 5	− 1	− 0	− 6	− 5	− 2	− 0	− 4

10	9	10	9	10	9	7	10	9	8
− 6	− 0	− 7	− 2	− 0	− 3	− 4	− 10	− 1	− 7

2	10	3	10	6	8	9	10	8	7
− 2	− 2	− 0	− 3	− 4	− 8	− 3	− 9	− 5	− 1

3	2	10	3	9	9	2	7	7	4
− 1	− 1	− 8	− 3	− 3	− 1	− 2	− 4	− 2	− 1

9	5	7	6	10	8	10	2	7	4
− 4	− 4	− 7	− 1	− 5	− 3	− 2	− 2	− 1	− 1

0	9	2	6	6	7	6	5	3	0
− 0	− 0	− 0	− 2	− 1	− 7	− 5	− 1	− 1	− 0

Subtraction Drills 0 - 10

Name

Score / 100

Time :

5	3	10	6	4	7	7	4	9	0
− 3	− 2	− 3	− 4	− 2	− 6	− 4	− 1	− 5	− 0
1	8	9	2	6	6	5	8	5	7
− 1	− 6	− 3	− 0	− 5	− 3	− 5	− 1	− 2	− 5
7	2	5	1	10	9	8	3	10	7
− 2	− 2	− 4	− 0	− 2	− 7	− 2	− 3	− 6	− 1
4	6	9	9	10	10	8	2	7	4
− 3	− 6	− 9	− 8	− 7	− 9	− 4	− 1	− 3	− 0
5	9	7	10	9	8	9	9	6	6
− 0	− 6	− 0	− 1	− 1	− 7	− 4	− 0	− 1	− 2
10	5	9	6	8	3	3	8	4	10
− 10	− 1	− 2	− 0	− 3	− 1	− 0	− 5	− 4	− 5
8	6	7	8	10	10	10	7	2	9
− 8	− 1	− 7	− 0	− 0	− 8	− 8	− 1	− 1	− 6
10	2	6	1	4	6	5	5	5	9
− 4	− 1	− 3	− 0	− 4	− 5	− 1	− 5	− 3	− 5
7	1	1	3	5	3	7	4	1	4
− 4	− 1	− 1	− 2	− 4	− 1	− 4	− 3	− 0	− 3
5	5	0	6	9	2	6	6	2	7
− 4	− 3	− 0	− 1	− 0	− 1	− 5	− 2	− 1	− 2

Subtraction Drills 0 - 10

Name

Score / 100

Time :

8 − 1	7 − 4	1 − 1	5 − 2	1 − 0	10 − 0	4 − 2	9 − 4	4 − 4	7 − 5
3 − 1	7 − 0	4 − 1	5 − 1	9 − 1	4 − 3	10 − 1	9 − 5	5 − 5	5 − 4
0 − 0	7 − 2	3 − 0	9 − 2	8 − 5	3 − 3	5 − 0	6 − 5	10 − 9	6 − 1
10 − 10	2 − 0	5 − 3	6 − 3	2 − 2	7 − 6	7 − 1	8 − 4	6 − 2	7 − 3
8 − 7	2 − 1	10 − 7	8 − 2	3 − 2	6 − 0	8 − 6	9 − 9	9 − 6	8 − 0
8 − 3	9 − 7	6 − 4	6 − 6	9 − 0	10 − 2	9 − 8	10 − 3	8 − 8	4 − 0
10 − 4	10 − 6	10 − 5	7 − 3	10 − 0	8 − 7	10 − 8	9 − 3	7 − 5	5 − 3
7 − 7	3 − 2	7 − 2	6 − 5	10 − 1	6 − 2	9 − 5	9 − 6	6 − 5	0 − 0
7 − 0	9 − 3	6 − 5	2 − 1	5 − 2	5 − 1	9 − 7	8 − 3	1 − 1	3 − 0
1 − 0	5 − 1	0 − 0	9 − 1	5 − 1	1 − 0	4 − 0	0 − 0	10 − 4	1 − 0

Subtraction Drills 0 - 10

Name	Score	Time
	/ 100	:

8 − 5	7 − 4	9 − 4	5 − 1	6 − 4	6 − 3	4 − 1	10 − 5	3 − 1	2 − 1
8 − 6	2 − 2	10 − 4	0 − 0	7 − 6	5 − 3	1 − 1	6 − 0	4 − 2	3 − 3
9 − 7	4 − 0	8 − 2	3 − 2	7 − 2	1 − 0	8 − 4	7 − 1	5 − 4	2 − 0
6 − 1	9 − 3	4 − 3	10 − 9	9 − 5	9 − 6	9 − 9	8 − 1	5 − 5	3 − 0
10 − 6	4 − 4	7 − 0	6 − 5	7 − 3	9 − 2	6 − 2	10 − 10	9 − 1	5 − 2
10 − 2	7 − 7	10 − 8	7 − 5	8 − 3	9 − 8	6 − 6	5 − 0	1 − 0	9 − 0
8 − 8	1 − 0	8 − 7	5 − 2	8 − 0	8 − 5	4 − 3	10 − 7	7 − 4	9 − 2
10 − 3	10 − 1	1 − 1	2 − 1	8 − 7	10 − 6	7 − 1	7 − 6	4 − 2	6 − 1
4 − 2	9 − 7	10 − 0	0 − 0	8 − 5	3 − 3	6 − 2	2 − 1	2 − 1	1 − 0
9 − 2	5 − 3	6 − 4	2 − 0	1 − 1	7 − 3	7 − 2	8 − 7	6 − 4	9 − 4

Name

Score / 100

Time :

Subtraction Drills 0 - 10

9 − 3	0 − 0	4 − 1	8 − 4	2 − 1	9 − 8	10 − 4	8 − 6	1 − 1	10 − 2
7 − 4	8 − 5	8 − 1	2 − 0	6 − 6	4 − 2	9 − 2	4 − 4	5 − 2	1 − 0
5 − 0	5 − 1	3 − 3	5 − 4	2 − 2	3 − 2	4 − 3	10 − 8	6 − 1	7 − 2
7 − 5	10 − 3	6 − 4	8 − 7	9 − 9	6 − 0	8 − 3	3 − 1	8 − 0	7 − 6
9 − 1	10 − 7	8 − 2	9 − 6	9 − 5	6 − 3	5 − 5	10 − 1	3 − 0	9 − 4
6 − 5	7 − 0	6 − 2	4 − 0	10 − 9	10 − 0	7 − 1	7 − 7	5 − 3	9 − 7
10 − 6	8 − 8	7 − 3	7 − 2	8 − 0	10 − 10	3 − 1	2 − 0	3 − 2	9 − 0
5 − 1	3 − 2	5 − 2	10 − 5	1 − 0	4 − 0	7 − 3	6 − 0	8 − 1	5 − 0
8 − 5	4 − 3	7 − 4	2 − 2	5 − 5	1 − 1	1 − 0	0 − 0	9 − 9	4 − 3
7 − 5	9 − 8	8 − 3	5 − 0	7 − 4	5 − 1	2 − 0	6 − 0	9 − 5	2 − 0

Subtraction Drills 0 - 10

Name

Score / 100

Time :

6 − 6	1 − 0	4 − 1	2 − 0	7 − 0	3 − 1	5 − 2	5 − 1	7 − 7	9 − 2
8 − 5	5 − 4	4 − 3	9 − 4	7 − 5	6 − 2	6 − 5	4 − 2	4 − 0	5 − 3
2 − 1	8 − 1	10 − 0	6 − 3	5 − 0	7 − 6	8 − 3	6 − 1	7 − 4	10 − 4
8 − 6	9 − 0	7 − 1	0 − 0	3 − 0	9 − 1	9 − 5	1 − 1	9 − 8	6 − 4
8 − 2	3 − 2	10 − 7	10 − 9	3 − 3	8 − 8	2 − 2	7 − 3	10 − 10	9 − 6
9 − 7	5 − 5	9 − 9	8 − 0	8 − 7	4 − 4	10 − 2	6 − 0	10 − 8	8 − 4
10 − 3	10 − 6	10 − 5	7 − 2	9 − 3	2 − 0	7 − 1	10 − 1	4 − 3	8 − 0
3 − 1	7 − 6	3 − 1	6 − 6	0 − 0	6 − 6	9 − 3	0 − 0	8 − 2	1 − 0
8 − 2	8 − 3	4 − 4	7 − 2	7 − 2	8 − 5	7 − 5	8 − 5	6 − 5	8 − 8
9 − 9	2 − 1	0 − 0	7 − 5	5 − 2	6 − 5	7 − 6	7 − 3	6 − 5	10 − 0

Subtraction Drills 0 - 10

Name

Score / 100

Time :

9	9	6	7	7	6	5	8	6	6
− 1	− 6	− 0	− 4	− 6	− 4	− 5	− 6	− 5	− 3

9	8	5	4	6	1	6	3	3	9
− 3	− 3	− 2	− 3	− 2	− 1	− 1	− 2	− 1	− 8

1	10	9	7	2	4	4	0	7	5
− 0	− 6	− 5	− 0	− 1	− 1	− 4	− 0	− 7	− 4

7	10	10	2	5	9	3	9	8	10
− 1	− 5	− 1	− 0	− 3	− 9	− 0	− 4	− 8	− 9

8	4	7	2	8	8	4	8	7	10
− 4	− 2	− 3	− 2	− 5	− 2	− 0	− 1	− 5	− 3

10	3	5	10	7	9	6	9	4	10
− 8	− 3	− 1	− 4	− 2	− 2	− 6	− 7	− 1	− 7

8	10	10	5	10	2	7	2	8	9
− 7	− 2	− 0	− 0	− 10	− 1	− 0	− 2	− 0	− 0

7	10	7	9	8	7	9	4	7	7
− 6	− 5	− 5	− 8	− 0	− 1	− 7	− 2	− 4	− 6

9	6	7	10	8	1	8	9	3	1
− 5	− 2	− 1	− 4	− 2	− 0	− 5	− 3	− 3	− 1

6	3	4	4	10	2	10	8	4	9
− 3	− 2	− 4	− 4	− 5	− 2	− 6	− 5	− 3	− 3

Subtraction Drills 0 - 10

Name

Score / 100

Time :

9 − 8	9 − 2	4 − 2	7 − 6	8 − 0	8 − 6	3 − 2	6 − 5	4 − 3	4 − 0
7 − 4	10 − 4	6 − 4	8 − 4	2 − 1	0 − 0	8 − 2	2 − 2	8 − 7	9 − 3
5 − 2	5 − 4	2 − 0	6 − 2	5 − 3	9 − 4	10 − 2	3 − 3	1 − 0	1 − 1
7 − 1	6 − 1	6 − 0	5 − 1	7 − 5	3 − 0	10 − 10	9 − 6	4 − 1	10 − 8
9 − 0	7 − 3	8 − 1	8 − 3	6 − 6	7 − 2	10 − 5	6 − 3	4 − 4	5 − 5
9 − 5	10 − 6	7 − 7	5 − 0	3 − 1	8 − 5	10 − 0	9 − 1	10 − 3	8 − 8
8 − 0	9 − 7	10 − 1	10 − 9	4 − 3	4 − 1	9 − 9	10 − 7	7 − 0	4 − 4
3 − 1	7 − 4	1 − 0	8 − 2	9 − 1	6 − 4	9 − 7	3 − 1	8 − 6	3 − 3
8 − 2	3 − 3	10 − 5	2 − 2	3 − 0	8 − 5	0 − 0	4 − 0	2 − 0	9 − 8
3 − 1	2 − 1	9 − 5	9 − 8	2 − 1	4 − 2	4 − 4	1 − 0	1 − 0	5 − 1

Subtraction Drills 0 - 10

/ 100

9	5	2	4	7	7	3	4	9	6
− 9	− 4	− 0	− 4	− 5	− 3	− 2	− 3	− 1	− 2

9	8	3	4	5	10	1	2	9	5
− 5	− 7	− 1	− 2	− 2	− 7	− 1	− 2	− 4	− 3

7	3	8	2	7	1	3	8	4	10
− 7	− 0	− 6	− 1	− 2	− 0	− 3	− 5	− 1	− 9

6	5	8	4	8	5	9	8	5	6
− 3	− 1	− 3	− 0	− 0	− 5	− 0	− 1	− 0	− 5

10	8	6	9	6	0	9	7	6	10
− 0	− 4	− 6	− 2	− 4	− 0	− 3	− 6	− 0	− 1

7	9	9	7	8	6	10	7	10	8
− 1	− 6	− 8	− 4	− 8	− 1	− 5	− 0	− 8	− 2

10	10	6	10	10	10	7	9	3	9
− 10	− 3	− 2	− 4	− 6	− 2	− 5	− 7	− 0	− 4

5	3	3	1	1	2	1	4	6	9
− 2	− 0	− 3	− 0	− 0	− 1	− 1	− 1	− 4	− 4

8	2	6	4	10	6	5	9	7	3
− 7	− 0	− 5	− 1	− 3	− 6	− 1	− 4	− 6	− 1

4	8	0	10	7	9	6	9	7	8
− 1	− 2	− 0	− 8	− 6	− 7	− 5	− 7	− 4	− 8

Subtraction Drills 10 - 20

Name

Score / 100

Time :

13	18	18	15	14	11	12	16	16	16
− 13	− 17	− 13	− 12	− 13	− 11	− 12	− 13	− 16	− 14

16	10	12	19	18	20	17	13	18	20
− 12	− 10	− 11	− 13	− 15	− 15	− 16	− 10	− 10	− 18

17	13	17	19	12	19	18	15	15	18
− 12	− 12	− 17	− 11	− 10	− 17	− 16	− 11	− 14	− 12

16	19	15	11	13	20	18	14	15	14
− 15	− 12	− 15	− 10	− 11	− 13	− 11	− 14	− 13	− 10

16	19	17	14	17	17	19	18	15	19
− 11	− 16	− 14	− 11	− 11	− 13	− 15	− 18	− 10	− 18

17	17	19	14	20	19	20	19	20	18
− 15	− 10	− 14	− 12	− 14	− 19	− 12	− 10	− 19	− 14

16	16	18	20	11	18	20	20	20	11
− 10	− 13	− 18	− 17	− 10	− 13	− 10	− 11	− 16	− 10

20	14	19	12	16	17	16	17	12	16
− 20	− 11	− 11	− 11	− 12	− 13	− 11	− 11	− 10	− 14

10	16	12	11	12	16	16	14	19	13
− 10	− 15	− 10	− 10	− 11	− 11	− 16	− 12	− 11	− 13

13	16	13	20	10	13	12	11	12	12
− 10	− 13	− 10	− 17	− 10	− 12	− 10	− 11	− 10	− 11

Subtraction Drills 10 - 20

Name

Score / 100

Time :

15 − 14	13 − 11	10 − 10	16 − 14	13 − 12	20 − 15	15 − 10	19 − 13	14 − 11	16 − 10
17 − 11	12 − 12	18 − 14	14 − 12	12 − 10	18 − 18	16 − 11	19 − 16	11 − 11	12 − 11
18 − 12	17 − 15	18 − 16	17 − 13	19 − 18	20 − 14	15 − 12	13 − 10	20 − 17	17 − 16
15 − 11	20 − 10	19 − 15	15 − 13	18 − 13	19 − 14	17 − 12	16 − 13	16 − 12	14 − 14
19 − 17	14 − 13	18 − 11	11 − 10	17 − 14	19 − 12	15 − 15	18 − 15	16 − 15	19 − 19
13 − 13	17 − 10	20 − 16	20 − 18	19 − 10	20 − 11	20 − 12	18 − 17	14 − 10	20 − 19
20 − 13	16 − 16	19 − 11	17 − 17	13 − 11	17 − 14	14 − 11	17 − 16	19 − 11	11 − 11
18 − 16	19 − 18	18 − 10	10 − 10	10 − 10	17 − 12	20 − 12	20 − 20	12 − 12	19 − 10
19 − 13	15 − 11	17 − 11	20 − 19	13 − 12	15 − 12	11 − 11	16 − 14	14 − 11	16 − 14
11 − 11	14 − 12	15 − 15	15 − 11	16 − 16	14 − 13	19 − 12	12 − 10	16 − 12	11 − 11

Name	Score	Time
	/ 100	:

Subtraction Drills 10 - 20

17	10	11	16	13	20	14	18	19	16
− 12	− 10	− 11	− 16	− 11	− 11	− 11	− 16	− 11	− 13

17	16	11	14	12	16	15	20	15	19
− 17	− 11	− 10	− 14	− 10	− 14	− 13	− 19	− 15	− 13

16	20	20	17	18	15	19	15	12	13
− 10	− 15	− 12	− 16	− 12	− 10	− 10	− 11	− 12	− 10

13	16	19	18	14	19	12	20	16	20
− 12	− 12	− 15	− 10	− 12	− 18	− 11	− 18	− 15	− 13

14	18	18	15	20	14	18	19	18	17
− 10	− 13	− 11	− 12	− 10	− 13	− 14	− 16	− 17	− 15

19	15	17	19	20	17	19	17	13	17
− 12	− 14	− 14	− 17	− 17	− 11	− 14	− 10	− 13	− 13

20	18	19	14	20	14	18	16	19	19
− 16	− 15	− 12	− 14	− 20	− 10	− 18	− 11	− 12	− 14

20	19	19	13	17	11	15	11	11	18
− 14	− 14	− 19	− 11	− 11	− 10	− 10	− 10	− 11	− 12

18	13	10	16	15	14	18	12	14	16
− 11	− 11	− 10	− 14	− 14	− 13	− 13	− 10	− 12	− 14

13	16	11	11	15	14	15	16	13	20
− 11	− 13	− 10	− 11	− 14	− 12	− 12	− 14	− 11	− 19

Name	Score	Time
	/ 100	:

Subtraction Drills 10 - 20

16 − 15	18 − 13	17 − 12	17 − 17	16 − 12	14 − 14	12 − 10	18 − 11	18 − 14	16 − 14
18 − 12	14 − 13	19 − 17	18 − 17	19 − 13	18 − 16	11 − 11	18 − 15	17 − 15	13 − 11
19 − 18	15 − 12	14 − 12	20 − 16	10 − 10	13 − 13	15 − 10	11 − 10	19 − 12	13 − 10
20 − 19	13 − 12	16 − 11	12 − 11	20 − 18	16 − 13	19 − 11	20 − 12	15 − 14	14 − 11
20 − 17	17 − 11	18 − 10	20 − 15	19 − 10	19 − 16	17 − 13	17 − 14	15 − 15	12 − 12
16 − 10	19 − 15	19 − 19	14 − 10	15 − 11	20 − 11	20 − 14	19 − 14	17 − 10	20 − 20
17 − 16	15 − 13	11 − 11	19 − 18	18 − 18	20 − 13	16 − 16	18 − 11	15 − 12	15 − 15
13 − 13	15 − 10	14 − 10	16 − 15	19 − 15	12 − 11	20 − 10	11 − 11	17 − 13	13 − 11
18 − 14	11 − 11	13 − 12	19 − 11	12 − 12	19 − 16	13 − 11	19 − 14	15 − 13	17 − 10
18 − 12	13 − 13	17 − 11	18 − 17	17 − 10	20 − 16	12 − 11	15 − 13	20 − 14	15 − 12

Name   **Score**   / 100   **Time**   :

16 − 15	18 − 10	17 − 17	18 − 17	17 − 14	18 − 11	17 − 13	20 − 13	18 − 12	11 − 10
14 − 12	15 − 13	11 − 11	20 − 15	12 − 11	15 − 12	12 − 12	13 − 10	19 − 18	19 − 11
20 − 16	10 − 10	19 − 17	19 − 16	19 − 12	17 − 12	17 − 10	18 − 13	16 − 14	14 − 10
12 − 10	13 − 12	18 − 14	13 − 13	17 − 15	15 − 14	15 − 15	13 − 11	14 − 13	20 − 19
17 − 16	16 − 13	16 − 11	19 − 10	14 − 14	18 − 16	19 − 14	16 − 12	16 − 10	19 − 13
15 − 11	19 − 15	18 − 15	14 − 11	20 − 14	17 − 11	15 − 10	16 − 16	20 − 12	18 − 18
20 − 18	19 − 19	19 − 19	12 − 11	20 − 17	20 − 20	13 − 12	11 − 10	13 − 10	20 − 11
13 − 11	16 − 14	11 − 10	13 − 11	11 − 10	13 − 12	12 − 10	19 − 16	17 − 12	18 − 17
11 − 11	19 − 14	16 − 15	14 − 13	20 − 10	13 − 13	16 − 15	15 − 12	12 − 12	18 − 16
12 − 10	10 − 10	17 − 15	20 − 16	12 − 11	10 − 10	10 − 10	10 − 10	17 − 10	14 − 10

	Name		Score		Time	
Subtraction Drills 10 - 20			/ 100		:	

15 − 10	14 − 12	14 − 11	19 − 16	18 − 13	12 − 11	15 − 13	17 − 16	18 − 17	15 − 12
17 − 13	17 − 12	14 − 10	19 − 10	19 − 15	12 − 10	18 − 14	16 − 15	15 − 11	10 − 10
16 − 11	13 − 10	13 − 13	16 − 13	17 − 11	13 − 11	19 − 17	12 − 12	14 − 13	17 − 15
18 − 15	11 − 10	16 − 14	18 − 11	20 − 17	19 − 14	19 − 18	15 − 14	16 − 12	18 − 10
13 − 12	19 − 12	19 − 19	11 − 11	19 − 13	20 − 15	17 − 10	18 − 12	17 − 17	16 − 16
14 − 14	18 − 16	20 − 14	20 − 12	18 − 18	15 − 15	19 − 11	20 − 19	16 − 10	17 − 14
20 − 11	17 − 14	15 − 12	20 − 18	20 − 16	17 − 14	20 − 20	16 − 11	20 − 13	18 − 14
17 − 16	16 − 14	18 − 17	14 − 10	18 − 18	15 − 12	16 − 14	13 − 11	20 − 10	16 − 11
13 − 11	16 − 14	14 − 12	18 − 12	19 − 12	17 − 14	20 − 20	17 − 14	10 − 10	19 − 15
16 − 11	13 − 11	13 − 10	19 − 14	19 − 16	14 − 11	10 − 10	17 − 15	18 − 15	17 − 14

Subtraction Drills 10 - 20

Name

Score /100

Time :

12 − 11	11 − 11	14 − 10	14 − 11	10 − 10	11 − 10	15 − 12	17 − 11	16 − 10	19 − 11
15 − 14	18 − 10	12 − 10	13 − 12	16 − 11	14 − 14	13 − 11	18 − 12	16 − 14	15 − 11
12 − 12	16 − 15	13 − 13	17 − 16	18 − 18	19 − 15	14 − 12	17 − 14	16 − 16	17 − 15
19 − 19	19 − 18	18 − 13	16 − 12	17 − 17	15 − 13	17 − 13	20 − 19	19 − 13	18 − 14
19 − 17	20 − 13	14 − 13	18 − 16	13 − 10	19 − 14	15 − 10	16 − 13	15 − 15	20 − 18
18 − 11	20 − 14	20 − 11	20 − 16	20 − 12	17 − 10	18 − 17	18 − 15	12 − 11	17 − 12
20 − 15	19 − 10	11 − 11	20 − 17	20 − 10	19 − 12	11 − 10	17 − 13	12 − 10	16 − 12
19 − 16	14 − 11	13 − 11	18 − 13	17 − 16	16 − 11	15 − 11	19 − 16	16 − 12	10 − 10
12 − 12	11 − 11	13 − 10	20 − 16	14 − 11	15 − 13	12 − 11	19 − 11	14 − 12	15 − 11
13 − 12	15 − 11	19 − 11	13 − 13	19 − 15	12 − 11	12 − 11	11 − 10	20 − 20	18 − 18

Subtraction Drills 10 - 20	Name	Score / 100	Time :

16 − 14	19 − 18	15 − 10	15 − 12	16 − 13	13 − 12	14 − 12	19 − 14	19 − 12	18 − 11
10 − 10	11 − 11	12 − 10	18 − 18	14 − 13	13 − 13	14 − 14	15 − 11	19 − 15	17 − 11
17 − 12	12 − 11	18 − 17	17 − 10	11 − 10	19 − 17	14 − 10	16 − 15	12 − 12	17 − 16
19 − 11	15 − 15	14 − 11	18 − 16	16 − 12	15 − 14	13 − 10	19 − 16	17 − 13	16 − 16
20 − 11	16 − 11	17 − 14	16 − 10	18 − 14	17 − 17	18 − 12	20 − 13	18 − 15	20 − 14
17 − 15	18 − 10	13 − 11	20 − 16	20 − 15	15 − 13	20 − 12	20 − 17	19 − 13	20 − 19
19 − 10	18 − 13	19 − 19	13 − 12	12 − 12	12 − 12	14 − 12	10 − 10	10 − 10	13 − 12
15 − 14	14 − 10	20 − 10	11 − 10	20 − 18	15 − 14	14 − 13	20 − 14	16 − 12	16 − 12
18 − 13	10 − 10	13 − 13	18 − 14	12 − 12	15 − 13	12 − 12	12 − 10	11 − 11	15 − 12
20 − 18	16 − 14	18 − 10	19 − 15	17 − 10	17 − 16	19 − 13	13 − 10	18 − 11	16 − 16

Subtraction Drills 10 - 20

Name

Score / 100

Time :

19 − 16	16 − 14	15 − 13	13 − 10	14 − 10	19 − 13	19 − 15	10 − 10	16 − 15	14 − 13
17 − 16	20 − 11	11 − 11	13 − 12	12 − 12	18 − 13	18 − 15	12 − 11	19 − 11	13 − 11
16 − 10	15 − 10	18 − 12	20 − 13	11 − 10	17 − 14	15 − 14	20 − 15	19 − 18	17 − 13
18 − 17	14 − 11	18 − 10	12 − 10	14 − 12	18 − 16	15 − 15	17 − 15	18 − 18	15 − 11
17 − 11	19 − 19	14 − 14	19 − 17	15 − 12	17 − 12	18 − 14	16 − 16	16 − 12	16 − 11
16 − 13	20 − 16	20 − 12	19 − 12	17 − 17	20 − 19	13 − 13	19 − 14	13 − 11	20 − 14
20 − 17	19 − 10	18 − 11	14 − 11	13 − 11	17 − 10	16 − 13	20 − 18	15 − 15	15 − 14
18 − 13	18 − 16	11 − 10	16 − 13	20 − 10	14 − 12	18 − 13	16 − 15	16 − 15	17 − 14
16 − 13	11 − 10	20 − 20	13 − 13	19 − 14	15 − 13	17 − 13	18 − 14	12 − 12	17 − 12
16 − 15	13 − 13	18 − 18	14 − 12	15 − 10	11 − 11	13 − 12	14 − 13	16 − 13	17 − 12

	Name		Score	Time
Subtraction Drills 10 – 20			/ 100	:

16 − 13	17 − 12	12 − 10	18 − 12	19 − 12	16 − 14	11 − 10	15 − 14	11 − 11	12 − 11
13 − 11	10 − 10	14 − 10	13 − 12	20 − 18	19 − 11	17 − 13	15 − 11	12 − 12	18 − 10
16 − 10	17 − 14	14 − 12	14 − 11	19 − 10	14 − 13	15 − 12	18 − 15	15 − 13	17 − 17
18 − 16	16 − 15	16 − 11	16 − 12	19 − 13	17 − 11	17 − 15	20 − 12	18 − 11	19 − 17
20 − 11	18 − 18	19 − 16	18 − 14	18 − 13	19 − 15	16 − 16	18 − 17	20 − 17	19 − 19
13 − 10	20 − 19	15 − 15	20 − 20	17 − 10	20 − 16	15 − 10	19 − 18	13 − 13	20 − 14
19 − 14	19 − 16	11 − 11	20 − 15	20 − 10	12 − 11	20 − 13	17 − 16	18 − 16	12 − 12
12 − 11	19 − 12	19 − 12	14 − 14	19 − 17	16 − 10	15 − 10	16 − 11	11 − 11	10 − 10
12 − 12	18 − 10	10 − 10	12 − 11	12 − 11	16 − 10	14 − 11	10 − 10	19 − 16	17 − 17
15 − 14	14 − 12	17 − 12	12 − 12	13 − 13	19 − 12	13 − 11	12 − 12	14 − 14	16 − 12

Subtraction Drills 0 - 20

Name: _____   Score: /100   Time: :

20	15	0	13	19	20	9	11	7	3
− 11	− 2	− 0	− 5	− 18	− 10	− 6	− 8	− 0	− 2
17	8	4	16	17	6	8	6	15	19
− 7	− 4	− 3	− 2	− 14	− 2	− 7	− 6	− 8	− 8
19	20	19	16	2	1	4	14	17	15
− 5	− 4	− 4	− 6	− 1	− 0	− 1	− 0	− 8	− 12
3	5	19	13	5	14	11	18	11	12
− 0	− 1	− 12	− 2	− 4	− 5	− 7	− 1	− 1	− 10
16	8	5	19	14	7	3	9	4	11
− 0	− 6	− 2	− 13	− 14	− 3	− 3	− 2	− 0	− 2
15	9	17	14	10	14	7	10	8	3
− 3	− 5	− 11	− 7	− 1	− 3	− 4	− 4	− 8	− 1
5	13	5	7	13	15	10	18	14	15
− 0	− 10	− 3	− 1	− 1	− 11	− 3	− 15	− 13	− 5
16	6	1	8	11	9	19	20	8	4
− 8	− 0	− 1	− 3	− 10	− 9	− 2	− 6	− 5	− 2
6	8	19	8	11	12	17	9	11	6
− 1	− 1	− 14	− 2	− 9	− 1	− 9	− 7	− 5	− 5
15	16	14	18	17	15	19	18	11	2
− 13	− 10	− 10	− 4	− 4	− 7	− 15	− 13	− 3	− 0

	Name	Score	Time
Subtraction Drills 0 - 20		/ 100	:

17	11	11	7	11	15	8	7	15	11
− 17	− 11	− 8	− 2	− 10	− 13	− 1	− 0	− 15	− 3

12	19	4	13	13	7	18	14	14	5
− 5	− 14	− 1	− 11	− 7	− 3	− 11	− 9	− 8	− 2

19	1	14	10	2	6	15	16	0	12
− 3	− 1	− 12	− 6	− 2	− 1	− 6	− 3	− 0	− 0

12	19	9	12	5	2	9	14	6	9
− 3	− 15	− 6	− 8	− 5	− 0	− 7	− 3	− 0	− 5

4	18	13	7	16	11	20	8	20	11
− 3	− 5	− 8	− 4	− 15	− 9	− 19	− 7	− 9	− 4

19	2	11	5	11	1	17	6	8	8
− 4	− 1	− 2	− 3	− 0	− 0	− 2	− 4	− 3	− 4

5	9	10	19	9	15	3	19	19	6
− 4	− 4	− 8	− 8	− 3	− 12	− 2	− 12	− 5	− 5

15	20	16	10	18	13	13	17	9	10
− 11	− 4	− 10	− 5	− 2	− 2	− 1	− 4	− 2	− 2

13	18	11	5	3	14	3	14	4	7
− 9	− 15	− 7	− 1	− 1	− 11	− 0	− 6	− 4	− 7

12	15	14	17	13	4	15	13	7	19
− 6	− 14	− 1	− 13	− 6	− 2	− 1	− 10	− 6	− 18

Name	Score	Time
	/ 100	:

14 − 12	14 − 13	1 − 1	14 − 9	2 − 2	4 − 1	15 − 6	16 − 2	13 − 11	17 − 11
10 − 8	5 − 4	12 − 4	7 − 1	5 − 5	6 − 5	5 − 1	0 − 0	17 − 3	18 − 1
8 − 1	7 − 3	15 − 14	15 − 11	11 − 5	11 − 10	12 − 12	7 − 5	11 − 6	11 − 4
4 − 3	13 − 12	18 − 8	17 − 7	15 − 5	18 − 3	19 − 18	7 − 2	5 − 3	6 − 4
7 − 6	17 − 5	18 − 5	16 − 13	10 − 0	20 − 10	15 − 13	20 − 6	18 − 2	14 − 3
15 − 9	5 − 0	17 − 17	10 − 9	11 − 7	10 − 1	13 − 4	9 − 4	4 − 2	7 − 7
16 − 15	12 − 11	10 − 3	20 − 11	19 − 8	6 − 2	11 − 3	9 − 3	8 − 6	12 − 5
2 − 1	1 − 0	8 − 5	2 − 0	7 − 0	4 − 0	3 − 1	10 − 2	18 − 6	3 − 0
16 − 10	15 − 10	5 − 2	17 − 1	6 − 0	18 − 4	16 − 1	16 − 5	16 − 9	8 − 2
12 − 6	20 − 16	11 − 9	16 − 12	16 − 11	17 − 13	3 − 2	10 − 5	6 − 6	12 − 7

Subtraction Drills 0 - 20

Name

Score / 100

Time :

5 − 4	20 − 5	9 − 2	9 − 8	17 − 16	18 − 0	12 − 9	8 − 3	3 − 3	8 − 4
17 − 9	13 − 5	5 − 3	6 − 2	15 − 6	19 − 0	1 − 1	8 − 2	11 − 4	10 − 1
17 − 5	14 − 13	0 − 0	12 − 7	3 − 0	20 − 15	8 − 6	12 − 1	19 − 15	13 − 7
3 − 1	18 − 8	7 − 4	9 − 1	19 − 9	7 − 2	14 − 5	13 − 9	14 − 3	6 − 5
1 − 0	11 − 3	19 − 7	6 − 4	15 − 15	20 − 7	5 − 1	5 − 0	2 − 0	4 − 2
14 − 1	8 − 5	16 − 16	4 − 1	11 − 9	18 − 2	13 − 1	16 − 3	14 − 0	7 − 0
2 − 1	6 − 0	9 − 6	13 − 6	17 − 11	20 − 14	12 − 10	12 − 3	13 − 2	8 − 0
4 − 4	17 − 12	3 − 2	7 − 1	18 − 16	11 − 1	5 − 5	13 − 11	17 − 6	17 − 1
19 − 1	14 − 6	10 − 2	7 − 3	9 − 5	17 − 4	7 − 7	17 − 7	18 − 5	16 − 14
17 − 15	14 − 11	9 − 9	15 − 2	10 − 8	12 − 5	8 − 7	7 − 5	17 − 3	19 − 17

Subtraction Drills 0 - 20	Name		Score / 100	Time :

6 − 1	5 − 3	0 − 0	17 − 0	18 − 6	20 − 19	5 − 0	16 − 3	11 − 4	6 − 2
4 − 0	7 − 3	2 − 1	10 − 4	1 − 1	5 − 4	10 − 8	1 − 0	8 − 2	16 − 8
13 − 2	19 − 6	17 − 8	18 − 4	12 − 1	17 − 5	16 − 14	11 − 7	15 − 6	19 − 5
9 − 4	20 − 11	16 − 5	12 − 9	15 − 0	19 − 12	9 − 7	10 − 0	14 − 1	4 − 2
19 − 15	14 − 2	15 − 4	14 − 11	18 − 7	9 − 5	13 − 11	6 − 5	4 − 3	11 − 0
19 − 0	11 − 3	12 − 6	20 − 10	16 − 2	19 − 13	18 − 2	12 − 10	3 − 0	8 − 3
9 − 2	19 − 1	5 − 2	6 − 4	17 − 15	17 − 4	8 − 6	18 − 14	12 − 5	12 − 7
18 − 8	11 − 10	16 − 4	17 − 1	9 − 3	20 − 5	19 − 2	18 − 15	19 − 7	10 − 3
12 − 11	8 − 0	19 − 16	17 − 13	14 − 3	8 − 4	18 − 0	14 − 10	20 − 4	9 − 9
3 − 2	18 − 16	18 − 13	13 − 7	17 − 16	20 − 3	8 − 5	3 − 1	19 − 17	14 − 6

	Name	Score	Time
Subtraction Drills 0 - 20		/ 100	:

19 − 8	4 − 0	11 − 8	13 − 11	20 − 18	1 − 1	11 − 3	2 − 0	1 − 0	7 − 7
19 − 3	4 − 3	8 − 5	15 − 1	17 − 14	14 − 1	5 − 5	7 − 1	9 − 0	9 − 7
17 − 0	18 − 14	6 − 3	19 − 1	10 − 8	5 − 3	14 − 13	14 − 12	3 − 3	17 − 8
11 − 9	15 − 3	9 − 9	15 − 6	16 − 6	14 − 4	10 − 3	18 − 11	11 − 5	11 − 4
9 − 5	17 − 9	15 − 10	4 − 2	14 − 3	2 − 1	12 − 7	6 − 2	8 − 7	10 − 1
6 − 1	8 − 4	5 − 2	16 − 14	13 − 2	4 − 1	12 − 4	9 − 6	17 − 3	20 − 0
7 − 2	6 − 6	16 − 5	19 − 14	10 − 9	2 − 2	16 − 1	7 − 6	5 − 1	5 − 4
4 − 4	6 − 4	13 − 1	17 − 4	15 − 8	10 − 5	12 − 10	13 − 3	8 − 1	14 − 9
3 − 2	9 − 2	15 − 2	18 − 18	7 − 5	19 − 7	16 − 3	8 − 8	12 − 8	0 − 0
3 − 0	3 − 1	17 − 16	9 − 3	6 − 5	14 − 8	13 − 13	17 − 5	19 − 11	7 − 4

Subtraction Drills 0 - 20 Name Score / 100 Time :

6 − 2	7 − 1	3 − 2	8 − 0	2 − 2	15 − 9	10 − 5	2 − 1	2 − 0	11 − 2
17 − 7	7 − 7	15 − 13	6 − 0	17 − 3	13 − 11	19 − 19	13 − 8	5 − 3	1 − 0
3 − 3	4 − 3	8 − 4	9 − 2	5 − 2	11 − 1	20 − 18	19 − 7	8 − 2	7 − 2
6 − 5	12 − 6	16 − 8	3 − 1	3 − 0	16 − 1	9 − 7	12 − 7	19 − 5	7 − 6
0 − 0	15 − 11	12 − 3	12 − 4	15 − 15	6 − 1	18 − 16	13 − 7	17 − 11	14 − 7
19 − 1	11 − 8	10 − 1	16 − 4	13 − 5	9 − 0	20 − 11	20 − 12	20 − 5	20 − 2
19 − 2	15 − 6	8 − 5	4 − 4	9 − 8	9 − 5	15 − 1	13 − 1	14 − 6	20 − 13
19 − 9	7 − 3	15 − 3	4 − 1	9 − 4	16 − 7	13 − 6	8 − 1	9 − 6	11 − 5
13 − 13	20 − 19	11 − 10	4 − 0	17 − 9	7 − 5	19 − 0	10 − 3	15 − 7	5 − 4
1 − 1	13 − 4	19 − 4	14 − 12	10 − 8	10 − 9	13 − 2	11 − 6	18 − 7	15 − 12

Subtraction Drills 0 - 20

Name

Score / 100

Time :

18 − 16	15 − 8	12 − 2	19 − 10	6 − 6	0 − 0	10 − 5	1 − 1	17 − 13	2 − 0
12 − 1	13 − 13	18 − 17	7 − 1	7 − 2	1 − 0	4 − 1	4 − 2	2 − 2	9 − 2
16 − 11	11 − 11	9 − 7	12 − 5	20 − 17	6 − 4	19 − 11	5 − 0	12 − 9	13 − 6
6 − 5	15 − 5	8 − 0	19 − 12	18 − 3	8 − 3	13 − 7	12 − 7	2 − 1	14 − 7
7 − 3	16 − 6	7 − 5	8 − 5	17 − 11	15 − 11	12 − 10	11 − 0	3 − 0	17 − 4
13 − 12	11 − 9	15 − 2	6 − 3	18 − 12	10 − 10	10 − 3	15 − 14	18 − 4	6 − 2
5 − 4	18 − 1	9 − 4	8 − 6	15 − 15	17 − 2	11 − 4	9 − 5	9 − 6	17 − 0
16 − 16	5 − 3	16 − 1	11 − 5	8 − 8	9 − 1	19 − 7	20 − 7	18 − 2	11 − 10
3 − 1	11 − 1	7 − 7	9 − 3	3 − 3	18 − 14	15 − 9	10 − 8	17 − 14	20 − 4
16 − 8	17 − 16	9 − 0	19 − 2	20 − 19	15 − 1	19 − 4	16 − 9	7 − 6	9 − 9

Subtraction Drills 0 - 20

Name _____ Score /100 Time __:__

1	14	12	18	6	20	2	11	19	5
− 0	− 8	− 4	− 10	− 6	− 19	− 1	− 1	− 11	− 4

17	19	3	17	16	8	4	8	6	14
− 5	− 12	− 0	− 2	− 9	− 1	− 0	− 6	− 1	− 2

19	4	7	4	0	7	13	15	11	17
− 2	− 3	− 6	− 1	− 0	− 3	− 12	− 11	− 10	− 11

6	15	3	9	9	15	7	2	9	11
− 3	− 3	− 2	− 3	− 5	− 15	− 0	− 2	− 4	− 3

15	8	11	19	1	10	12	16	11	13
− 13	− 2	− 4	− 17	− 1	− 9	− 10	− 15	− 5	− 1

7	18	20	18	16	19	16	18	11	17
− 4	− 7	− 4	− 8	− 11	− 13	− 10	− 1	− 0	− 13

6	9	10	10	17	10	14	8	9	5
− 0	− 7	− 4	− 0	− 17	− 6	− 5	− 4	− 6	− 1

15	4	12	15	12	16	6	14	16	16
− 2	− 2	− 7	− 14	− 11	− 8	− 4	− 4	− 2	− 5

18	16	20	16	19	18	12	7	13	6
− 9	− 14	− 16	− 12	− 16	− 6	− 8	− 7	− 10	− 5

17	4	16	8	7	20	15	13	16	12
− 8	− 4	− 0	− 0	− 5	− 10	− 5	− 2	− 13	− 2

Subtraction Drills 0 - 20

Name

Score / 100

Time :

2 - 1	0 - 0	9 - 5	9 - 1	19 - 13	4 - 4	18 - 3	11 - 0	10 - 7	6 - 5
6 - 1	15 - 8	7 - 2	14 - 12	16 - 4	17 - 13	3 - 0	4 - 2	17 - 9	11 - 5
18 - 13	13 - 7	4 - 3	17 - 17	1 - 1	13 - 12	17 - 8	2 - 0	17 - 10	6 - 4
16 - 14	20 - 19	3 - 2	10 - 2	4 - 0	15 - 7	14 - 5	9 - 3	13 - 4	9 - 9
8 - 3	13 - 11	16 - 1	11 - 2	17 - 1	8 - 6	5 - 5	12 - 6	11 - 8	15 - 5
5 - 4	11 - 9	14 - 10	8 - 1	11 - 6	12 - 3	18 - 0	2 - 2	14 - 13	8 - 8
16 - 16	12 - 11	1 - 0	19 - 16	6 - 3	7 - 3	10 - 5	4 - 1	15 - 4	15 - 1
14 - 4	17 - 4	3 - 1	5 - 3	18 - 8	11 - 1	10 - 3	7 - 0	9 - 8	16 - 15
7 - 4	9 - 6	12 - 8	19 - 8	19 - 7	14 - 6	15 - 9	13 - 5	6 - 2	5 - 1
18 - 1	15 - 11	18 - 11	8 - 7	19 - 12	13 - 6	17 - 12	20 - 17	18 - 7	13 - 10

Subtraction Drills 0 - 50

Name

Score / 100

Time :

33 − 28	40 − 10	0 − 0	27 − 25	49 − 22	2 − 1	35 − 28	4 − 2	29 − 3	6 − 4
41 − 16	24 − 12	25 − 12	40 − 1	38 − 36	20 − 8	42 − 16	22 − 1	19 − 3	32 − 21
10 − 6	21 − 7	14 − 4	9 − 7	30 − 3	41 − 36	29 − 25	18 − 6	38 − 21	28 − 14
9 − 0	3 − 2	22 − 7	19 − 0	6 − 3	24 − 11	27 − 6	49 − 6	10 − 2	14 − 1
22 − 15	40 − 39	29 − 5	35 − 3	19 − 2	5 − 3	15 − 9	44 − 37	18 − 10	49 − 18
20 − 2	15 − 8	14 − 3	13 − 6	46 − 24	43 − 19	37 − 7	16 − 1	4 − 1	19 − 16
41 − 25	41 − 24	16 − 7	35 − 30	34 − 26	7 − 5	34 − 1	45 − 21	49 − 40	42 − 26
31 − 28	23 − 18	38 − 16	5 − 1	14 − 13	14 − 0	38 − 17	36 − 24	21 − 11	12 − 10
39 − 8	41 − 6	19 − 4	39 − 28	14 − 12	3 − 1	27 − 20	11 − 10	7 − 0	42 − 38
17 − 9	29 − 22	24 − 3	46 − 10	15 − 4	29 − 0	42 − 17	21 − 12	32 − 12	44 − 19

Subtraction Drills 0 - 50	Name	Score / 100	Time :

49 − 14	37 − 16	29 − 27	27 − 2	26 − 14	22 − 20	47 − 34	19 − 0	27 − 9	20 − 18
27 − 22	49 − 32	6 − 5	25 − 25	15 − 5	10 − 5	14 − 0	18 − 13	8 − 6	43 − 4
31 − 28	14 − 14	6 − 1	37 − 5	9 − 5	23 − 13	48 − 11	22 − 4	16 − 2	15 − 10
21 − 12	39 − 7	17 − 17	31 − 29	19 − 12	43 − 35	23 − 7	16 − 10	26 − 0	26 − 24
8 − 3	40 − 28	44 − 27	26 − 1	28 − 5	21 − 1	34 − 2	31 − 5	29 − 24	38 − 21
36 − 23	6 − 4	46 − 37	34 − 10	29 − 11	25 − 1	38 − 3	15 − 11	19 − 4	11 − 9
19 − 5	32 − 8	26 − 11	19 − 7	17 − 6	30 − 8	49 − 12	25 − 22	25 − 3	24 − 1
35 − 22	14 − 1	40 − 35	35 − 0	22 − 12	16 − 15	13 − 11	0 − 0	15 − 4	46 − 10
2 − 0	22 − 11	5 − 0	12 − 7	23 − 14	36 − 4	29 − 0	49 − 23	31 − 16	33 − 11
46 − 2	46 − 3	48 − 31	43 − 20	23 − 5	10 − 3	9 − 7	32 − 4	28 − 23	42 − 10

Subtraction Drills 0 - 50

Name

Score / 100

Time :

31	19	41	17	23	9	25	21	24	42
− 8	− 11	− 22	− 2	− 5	− 5	− 4	− 14	− 17	− 30

36	27	32	9	11	43	34	19	13	1
− 12	− 15	− 3	− 8	− 1	− 26	− 20	− 15	− 9	− 1

44	19	40	31	44	17	45	21	36	45
− 14	− 3	− 34	− 16	− 28	− 9	− 29	− 6	− 29	− 32

19	44	18	44	39	21	34	42	47	38
− 8	− 17	− 11	− 40	− 25	− 16	− 8	− 17	− 19	− 30

23	36	35	8	2	40	11	22	40	49
− 15	− 11	− 2	− 1	− 1	− 12	− 5	− 22	− 9	− 35

36	11	44	40	18	3	20	34	45	38
− 8	− 6	− 29	− 1	− 6	− 0	− 6	− 1	− 37	− 26

30	48	0	49	30	40	47	22	12	37
− 30	− 18	− 0	− 47	− 16	− 30	− 37	− 1	− 2	− 27

19	2	16	16	48	31	30	33	36	16
− 13	− 0	− 12	− 2	− 2	− 7	− 15	− 14	− 19	− 8

39	46	30	29	48	31	17	32	11	40
− 24	− 24	− 26	− 18	− 42	− 9	− 14	− 27	− 7	− 36

28	5	19	37	10	7	28	4	30	9
− 26	− 2	− 10	− 16	− 8	− 3	− 10	− 3	− 9	− 2

Subtraction Drills 0 - 50

Name

Score / 100

Time :

26	37	21	32	20	12	47	39	32	25
− 18	− 7	− 3	− 6	− 11	− 5	− 42	− 11	− 21	− 12
43	26	16	37	3	1	48	37	27	48
− 25	− 13	− 6	− 8	− 1	− 0	− 40	− 4	− 12	− 20
4	48	14	35	11	46	21	15	8	44
− 3	− 10	− 13	− 4	− 10	− 8	− 15	− 14	− 2	− 1
19	7	28	21	8	35	21	31	11	34
− 8	− 7	− 6	− 2	− 5	− 3	− 4	− 10	− 4	− 22
49	24	30	27	47	28	2	25	32	24
− 9	− 20	− 7	− 21	− 15	− 26	− 1	− 24	− 2	− 14
48	7	24	16	16	50	17	23	25	31
− 27	− 5	− 8	− 1	− 13	− 24	− 13	− 22	− 18	− 6
29	36	32	2	35	33	46	34	18	45
− 10	− 15	− 25	− 2	− 23	− 5	− 4	− 14	− 5	− 20
23	30	10	23	23	1	42	16	19	9
− 2	− 9	− 5	− 21	− 7	− 1	− 30	− 9	− 13	− 8
28	3	46	18	15	45	6	9	29	10
− 7	− 0	− 34	− 6	− 2	− 28	− 3	− 7	− 5	− 7
35	47	47	27	12	31	28	49	35	30
− 22	− 17	− 22	− 9	− 2	− 22	− 3	− 44	− 8	− 16

Name

Score / 100

Time :

9 − 7	14 − 9	24 − 16	41 − 14	33 − 2	48 − 43	39 − 4	7 − 7	32 − 22	37 − 29
15 − 1	12 − 2	39 − 28	47 − 20	47 − 24	4 − 3	25 − 5	17 − 2	2 − 0	6 − 4
49 − 23	24 − 9	3 − 0	11 − 3	7 − 5	17 − 16	13 − 1	24 − 3	44 − 34	37 − 14
20 − 3	49 − 16	20 − 12	38 − 0	46 − 18	28 − 4	40 − 33	48 − 31	32 − 14	32 − 26
11 − 7	18 − 8	15 − 9	47 − 11	32 − 29	18 − 6	43 − 26	3 − 3	31 − 5	48 − 23
18 − 4	19 − 14	5 − 1	7 − 3	8 − 7	25 − 11	7 − 6	38 − 21	1 − 1	32 − 17
19 − 0	13 − 2	39 − 38	2 − 1	24 − 4	23 − 0	16 − 2	22 − 12	5 − 4	20 − 18
10 − 9	22 − 7	11 − 1	7 − 1	42 − 35	36 − 31	47 − 44	32 − 6	39 − 1	49 − 47
23 − 4	11 − 10	19 − 2	21 − 12	31 − 4	38 − 17	38 − 37	17 − 6	17 − 11	9 − 8
45 − 21	8 − 4	44 − 40	1 − 0	23 − 6	43 − 3	41 − 9	37 − 26	20 − 5	36 − 22

Subtraction Drills 0 – 50	Name	Score / 100	Time :

1 − 1	46 − 12	15 − 14	43 − 16	47 − 26	42 − 21	24 − 8	41 − 22	44 − 11	42 − 12
42 − 24	5 − 3	18 − 17	23 − 6	38 − 14	28 − 16	12 − 12	11 − 1	9 − 4	23 − 5
24 − 21	40 − 12	37 − 12	7 − 5	46 − 1	14 − 1	38 − 27	19 − 9	36 − 13	45 − 16
23 − 13	30 − 17	50 − 13	14 − 7	6 − 5	18 − 8	40 − 24	41 − 40	38 − 31	41 − 2
40 − 28	17 − 12	41 − 21	31 − 24	18 − 15	26 − 3	38 − 34	13 − 3	15 − 7	3 − 2
32 − 6	34 − 28	12 − 2	45 − 17	35 − 32	27 − 23	27 − 20	11 − 10	24 − 11	22 − 16
43 − 15	20 − 10	48 − 34	42 − 38	36 − 19	26 − 9	49 − 8	4 − 1	3 − 1	14 − 9
31 − 7	15 − 10	28 − 0	34 − 14	39 − 32	2 − 1	39 − 11	39 − 6	43 − 23	16 − 16
33 − 6	20 − 4	34 − 2	40 − 8	10 − 8	6 − 4	11 − 3	8 − 7	11 − 4	37 − 26
20 − 16	20 − 18	21 − 16	17 − 11	29 − 25	3 − 0	40 − 7	29 − 17	31 − 8	9 − 1

Subtraction Drills 0 - 50

Name

Score / 100

Time :

46 − 20	20 − 18	38 − 33	5 − 1	6 − 2	25 − 9	41 − 10	29 − 28	27 − 15	46 − 34
34 − 31	30 − 23	20 − 15	10 − 1	36 − 31	9 − 8	43 − 28	47 − 18	31 − 22	15 − 7
40 − 38	33 − 29	39 − 12	18 − 9	19 − 17	9 − 1	11 − 11	31 − 31	42 − 28	26 − 0
34 − 33	26 − 6	6 − 4	25 − 4	14 − 3	17 − 14	12 − 5	48 − 34	13 − 9	48 − 4
19 − 13	36 − 29	34 − 2	34 − 30	2 − 2	27 − 26	9 − 3	41 − 33	21 − 9	38 − 6
40 − 8	11 − 2	29 − 10	43 − 34	0 − 0	37 − 4	35 − 15	32 − 31	28 − 1	48 − 29
7 − 2	34 − 12	33 − 31	30 − 4	15 − 12	48 − 38	14 − 2	24 − 13	12 − 4	10 − 9
44 − 6	11 − 5	14 − 11	33 − 28	28 − 20	43 − 31	4 − 4	25 − 5	35 − 32	31 − 29
7 − 6	7 − 3	24 − 17	24 − 5	42 − 3	36 − 0	29 − 17	48 − 12	29 − 3	5 − 3
3 − 0	32 − 9	35 − 1	26 − 8	14 − 5	31 − 6	18 − 15	12 − 8	23 − 2	38 − 9

Subtraction Drills 0 - 50	Name	Score	Time
		/ 100	:

23 − 8	12 − 4	21 − 14	38 − 22	42 − 34	14 − 2	1 − 0	20 − 10	11 − 6	45 − 5
15 − 2	21 − 18	44 − 36	11 − 9	38 − 16	27 − 21	22 − 4	15 − 14	31 − 0	6 − 5
25 − 22	31 − 16	40 − 4	7 − 4	13 − 4	49 − 33	29 − 10	3 − 0	44 − 25	39 − 36
18 − 11	45 − 18	14 − 7	34 − 29	43 − 20	45 − 10	19 − 1	30 − 13	24 − 22	2 − 2
35 − 21	28 − 13	23 − 20	10 − 1	6 − 1	12 − 2	26 − 24	49 − 10	11 − 3	20 − 6
38 − 30	20 − 15	15 − 8	38 − 24	33 − 32	26 − 25	12 − 9	48 − 20	15 − 9	36 − 26
49 − 9	26 − 18	23 − 6	35 − 26	19 − 8	42 − 32	2 − 1	29 − 19	17 − 9	25 − 2
26 − 7	48 − 36	45 − 24	13 − 11	0 − 0	28 − 1	19 − 10	39 − 4	2 − 0	8 − 3
14 − 11	30 − 25	46 − 12	20 − 5	42 − 28	13 − 3	11 − 4	17 − 12	11 − 8	40 − 37
1 − 1	37 − 21	43 − 34	46 − 21	30 − 8	17 − 2	41 − 30	33 − 4	42 − 27	7 − 7

Addition & Subtraction Drills 0 - 10

Name

Score / 100

Time :

8 + 6	5 + 1	4 + 5	2 − 2	4 + 8	6 + 8	5 − 1	7 − 6	7 + 7	9 + 7
9 + 8	6 + 4	3 + 0	7 + 5	1 + 3	2 + 6	3 + 7	3 − 0	8 − 8	6 − 3
7 − 3	4 + 9	6 − 4	0 + 5	7 + 1	5 + 2	2 − 0	0 − 0	2 + 7	2 − 1
9 − 6	8 − 3	0 + 6	6 − 5	7 + 10	7 + 8	4 − 2	7 + 2	3 − 3	3 − 2
4 − 4	3 + 4	9 − 1	6 − 1	9 + 6	7 + 4	7 − 4	1 + 1	2 + 2	8 − 4
4 + 6	3 − 1	9 + 10	1 − 1	10 − 1	1 + 4	9 − 4	4 + 4	0 + 4	3 + 3
9 + 4	4 − 3	6 + 0	6 − 2	7 − 1	4 − 0	6 − 0	8 − 5	9 − 3	1 + 7
7 − 5	9 − 7	8 + 9	10 − 9	1 − 0	9 − 5	4 + 2	5 + 5	10 − 10	1 + 2
6 + 1	2 + 10	3 + 9	10 + 1	4 − 1	3 + 6	8 − 6	8 − 7	10 + 9	10 − 2
2 + 3	6 + 5	8 − 1	7 − 7	9 − 8	7 − 2	9 − 9	5 − 2	2 + 1	8 − 0

Addition & Subtraction Drills 0 - 10

Name

Score / 100

Time :

1 + 2	1 − 1	4 − 3	2 − 2	0 + 5	9 − 1	10 − 8	8 − 4	5 + 6	1 + 5
2 + 1	8 + 5	8 + 8	8 − 3	0 + 7	2 + 6	5 + 9	5 − 3	3 + 4	5 − 5
3 + 3	6 − 1	1 + 6	0 + 8	6 + 9	4 + 9	9 − 2	2 − 1	10 + 2	9 + 1
4 − 1	0 − 0	2 − 0	3 − 1	7 − 4	9 − 8	2 + 4	5 − 2	5 − 0	6 + 8
2 + 10	5 + 7	8 + 3	8 − 7	1 + 4	3 − 0	9 − 4	8 + 10	4 − 4	1 − 0
6 − 5	9 + 4	6 + 3	5 − 4	6 − 0	9 − 9	8 − 1	7 − 2	5 + 10	10 − 3
6 − 2	6 + 2	4 − 0	1 + 3	8 − 5	4 − 2	4 + 2	6 + 4	5 + 0	10 − 9
8 − 8	7 + 7	2 + 7	3 − 3	3 − 2	10 + 1	9 − 5	6 − 4	7 + 3	7 − 1
1 + 9	7 + 6	7 − 0	8 − 6	3 + 1	5 + 3	1 + 0	7 + 2	8 − 0	9 + 3
7 + 10	6 − 3	5 + 4	9 − 3	7 + 8	7 − 6	8 + 1	1 + 7	5 − 1	5 + 2

Addition & Subtraction Drills 0 - 10

Name

Score / 100

Time :

5	7	2	0	6	1	5	4	8	5
+ 0	+ 7	− 1	+ 8	+ 3	+ 2	+ 3	+ 2	+ 7	− 3

7	7	5	6	4	10	6	4	6	4
+ 0	+ 3	− 0	+ 2	+ 1	− 4	+ 1	+ 0	− 4	− 1

6	0	8	3	9	1	2	9	10	8
− 3	− 0	− 1	+ 7	− 4	− 0	+ 7	− 5	+ 1	+ 4

3	9	9	3	4	2	3	6	4	2
+ 5	− 8	+ 9	+ 4	− 2	+ 5	+ 3	+ 6	− 0	− 2

5	0	3	3	8	1	4	10	0	4
− 5	+ 7	+ 1	− 0	− 2	+ 1	+ 3	− 6	+ 1	− 3

7	6	3	5	3	7	7	8	2	8
− 1	+ 4	+ 10	− 2	− 2	− 6	+ 6	− 7	− 0	− 0

8	7	2	1	2	5	6	6	7	6
− 4	− 3	+ 1	− 1	+ 0	− 1	+ 7	+ 8	− 2	− 5

5	1	6	3	7	10	2	7	0	3
+ 4	+ 7	− 1	− 1	− 0	+ 5	+ 2	− 5	+ 6	− 3

9	6	8	0	8	8	10	5	4	7
− 7	− 6	+ 6	+ 9	− 5	− 8	− 5	+ 9	+ 8	+ 4

6	5	7	9	5	7	0	9	9	5
− 2	+ 2	− 4	− 0	+ 5	+ 1	+ 5	− 6	− 3	− 4

Addition & Subtraction Drills 0 - 10

Name | Score / 100 | Time :

7 − 4	3 + 9	2 − 2	6 − 1	7 + 2	1 − 1	5 + 7	5 − 2	4 − 3	1 − 0
6 + 1	2 + 1	3 + 7	2 + 3	0 − 0	9 − 7	7 − 0	8 − 8	4 + 10	5 + 0
8 + 2	10 − 4	3 − 2	5 + 10	7 − 7	8 + 4	4 − 1	7 − 5	7 + 9	6 + 9
4 + 4	7 − 3	6 − 2	2 − 1	3 + 6	9 − 6	9 − 2	6 − 4	4 + 0	5 + 3
5 − 1	6 − 5	8 + 3	7 − 6	4 − 2	7 − 1	8 − 1	8 − 5	8 − 3	4 − 4
6 + 4	7 + 4	9 − 3	9 + 0	5 + 1	5 − 3	9 − 9	8 − 6	7 + 6	9 − 0
9 − 5	1 + 8	3 − 0	9 + 2	4 + 6	5 + 6	2 + 6	0 + 5	2 + 8	8 − 4
0 + 1	7 + 8	3 + 2	7 − 2	5 − 4	8 − 2	8 − 7	3 + 10	3 + 5	6 − 6
8 − 0	8 + 1	6 − 3	3 + 8	3 − 1	1 + 2	2 + 9	2 + 7	4 + 2	6 + 5
4 − 0	5 + 2	8 + 6	7 + 7	6 − 0	1 + 1	6 + 8	0 + 9	2 + 5	9 − 4

**Addition & Subtraction Drills
0 - 10**

Name	Score	Time
	/ 100	:

4 − 0	1 − 1	4 + 5	4 − 2	5 − 0	1 − 0	3 + 3	8 + 8	7 + 7	9 − 4
1 + 2	2 − 1	6 + 9	2 − 0	6 − 2	5 + 2	7 − 1	2 + 0	4 − 1	5 + 6
8 − 4	4 − 4	0 + 6	6 + 8	6 − 1	7 + 4	4 + 4	0 + 3	0 + 9	3 + 4
2 + 8	8 + 7	6 − 3	5 + 7	3 − 3	8 + 0	8 − 3	2 − 2	6 − 4	7 + 6
3 − 1	2 + 7	5 − 2	3 − 2	0 + 7	4 − 3	0 + 4	8 − 5	9 + 7	4 + 7
6 − 5	7 − 4	0 − 0	10 − 6	8 − 6	7 − 6	10 − 7	2 + 3	5 − 5	7 − 7
9 − 8	4 + 2	3 + 1	2 + 5	5 − 1	6 + 3	9 − 2	9 − 5	7 − 2	5 + 9
6 + 2	10 − 1	6 + 1	2 + 1	5 − 3	8 + 1	8 − 2	3 − 0	1 + 4	7 + 3
9 + 5	10 − 4	8 + 2	1 + 7	8 − 0	8 + 9	9 − 6	6 + 6	5 − 4	9 − 7
7 − 0	5 + 3	7 + 1	1 + 0	9 − 3	8 − 8	3 + 8	5 + 1	0 + 8	4 + 6

Addition & Subtraction Drills 0 - 10

Name _____

Score / 100

Time :

4 − 3	5 − 3	0 + 4	7 + 2	7 − 5	5 − 0	4 + 6	1 − 0	9 + 5	5 + 7
7 − 1	5 + 9	9 − 6	2 − 2	10 + 3	0 − 0	5 + 4	5 − 1	6 + 2	6 + 3
9 − 2	1 − 1	5 − 4	6 − 5	8 + 6	2 + 5	4 + 0	7 − 3	8 − 2	8 − 1
5 + 2	3 + 1	7 − 0	10 + 4	8 − 4	2 − 0	0 + 2	1 + 4	9 + 4	1 + 7
6 − 0	9 − 5	4 − 2	5 − 2	6 − 2	4 − 1	3 − 2	10 + 6	3 − 3	6 + 5
9 − 4	6 − 1	10 − 8	8 + 9	9 − 9	8 + 1	1 + 9	8 − 3	7 + 8	2 + 9
6 + 1	3 − 1	3 + 5	10 + 9	9 − 8	2 − 1	6 − 3	2 + 10	1 + 3	8 − 7
4 − 4	7 − 7	4 − 0	9 + 7	8 + 7	4 + 4	7 − 4	5 + 8	9 − 1	7 + 1
6 + 9	6 + 4	7 − 6	9 + 6	6 − 6	4 + 8	4 + 1	3 − 0	2 + 6	6 − 4
1 + 8	10 − 7	5 − 5	3 + 7	3 + 4	0 + 1	3 + 6	8 − 8	8 + 8	6 + 8

Addition & Subtraction Drills 0 - 10

Name

Score / 100

Time :

8	9	3	4	7	5	9	8	5	7
+ 2	− 1	+ 3	− 0	+ 8	+ 9	+ 2	− 6	− 0	− 1
7	2	0	1	6	4	8	2	1	9
− 2	− 2	− 0	− 1	+ 5	− 1	− 1	+ 6	+ 8	− 2
7	4	7	6	3	6	8	6	0	6
− 4	+ 8	+ 5	− 2	− 2	− 5	+ 7	− 1	+ 8	+ 0
7	9	1	2	8	9	3	4	5	3
− 7	+ 8	+ 5	− 1	− 4	− 6	+ 10	+ 2	+ 5	+ 1
5	7	8	9	5	3	6	9	3	4
+ 7	+ 7	− 2	− 3	− 3	+ 0	+ 2	− 5	− 1	− 4
6	2	9	10	3	8	6	1	7	7
+ 9	+ 1	+ 4	+ 6	− 3	− 7	− 3	+ 1	+ 4	− 5
4	4	1	7	8	5	3	1	10	5
− 3	+ 0	+ 10	+ 6	+ 8	− 2	− 0	+ 3	− 3	+ 1
8	9	8	9	9	6	7	6	0	1
+ 5	+ 5	− 5	+ 1	− 4	+ 7	+ 0	− 4	+ 7	− 0
1	8	2	2	9	2	5	5	5	4
+ 6	− 3	+ 9	− 0	+ 9	+ 0	+ 3	− 4	− 1	− 2
7	5	6	9	1	8	7	4	8	8
− 6	− 5	− 6	− 9	+ 0	+ 1	− 3	+ 5	− 0	+ 0

Addition & Subtraction Drills 0 - 10

Name   **Score** / 100   **Time** :

5 − 3	5 − 2	0 − 0	1 + 8	1 + 5	5 − 1	9 − 0	6 − 0	2 + 7	4 + 10
3 + 2	2 − 1	4 + 1	8 + 5	9 − 4	6 + 6	2 − 2	1 − 0	7 − 1	4 − 0
6 + 1	9 + 4	6 − 3	1 + 9	3 + 3	2 + 1	8 − 7	8 + 2	10 + 8	8 − 3
5 + 8	9 + 8	5 − 5	6 − 1	1 − 1	4 − 2	1 + 0	9 − 6	2 − 0	8 + 7
1 + 2	7 − 2	5 − 0	4 + 6	8 − 1	8 − 8	3 − 2	10 − 8	7 − 7	3 − 1
1 + 3	3 + 5	6 + 5	6 + 2	5 − 4	10 − 6	6 − 2	7 + 7	9 + 5	0 + 1
2 + 0	3 + 6	2 + 5	6 + 3	5 + 1	7 − 4	8 − 4	6 − 4	5 + 7	3 − 0
7 + 1	10 − 7	3 − 3	10 − 5	5 + 4	2 + 2	4 − 1	7 + 5	1 + 7	10 − 4
7 + 3	7 + 4	9 − 2	9 + 6	8 + 6	1 + 4	4 + 2	7 + 8	4 + 7	7 + 6
4 − 3	9 − 7	6 + 4	7 − 0	8 − 6	10 − 9	6 − 6	7 − 5	9 − 3	0 + 5

Addition & Subtraction Drills
0 - 20

Name

Score
/ 100

Time
:

12	16	2	19	4	5	1	3	14	19
− 4	− 14	+ 4	− 15	+ 12	− 5	− 0	− 0	− 12	+ 16
16	20	19	7	13	0	14	3	1	20
− 11	+ 19	+ 15	− 3	+ 18	+ 3	− 7	− 3	+ 7	+ 5
16	7	16	7	10	4	13	13	2	5
− 5	− 6	+ 16	+ 2	+ 19	− 2	− 2	− 11	+ 7	+ 16
16	12	19	4	12	18	3	2	3	6
+ 4	+ 7	− 5	− 3	+ 19	− 0	+ 2	+ 13	+ 11	+ 4
12	8	9	1	13	16	12	17	12	17
+ 12	− 3	− 1	− 1	+ 7	− 13	− 12	+ 14	+ 5	− 16
5	7	17	1	19	16	16	0	5	11
− 0	+ 0	+ 13	+ 8	+ 7	+ 1	− 6	− 0	+ 14	− 10
5	15	9	10	16	20	4	6	17	18
− 4	− 12	+ 17	− 5	− 8	− 7	+ 14	+ 0	+ 15	+ 19
11	3	2	13	7	14	11	7	3	17
− 6	+ 18	− 2	+ 13	− 1	+ 4	− 11	+ 11	+ 14	− 12
18	7	2	11	16	19	13	2	20	3
− 13	+ 8	+ 5	+ 18	+ 10	− 2	+ 11	− 0	− 2	− 2
9	17	12	17	2	15	5	13	15	9
+ 10	− 5	− 11	+ 3	+ 12	− 4	− 3	− 8	− 2	+ 14

Addition & Subtraction Drills 0 - 20

Name

Score / 100

Time :

12 − 12	5 − 1	5 + 4	15 + 2	7 + 14	15 − 10	20 + 1	12 − 2	18 + 4	13 + 5
7 − 5	4 − 1	9 − 5	4 − 3	12 + 14	19 + 13	5 − 3	1 + 14	2 + 7	6 − 0
11 − 11	8 + 11	8 + 18	7 + 4	11 + 18	7 + 16	18 + 3	12 + 6	9 + 16	3 + 7
12 + 7	7 + 9	19 − 0	5 + 1	1 − 1	20 + 6	10 − 5	7 + 15	14 − 2	3 + 1
7 − 2	20 − 11	12 + 11	5 − 4	13 − 0	20 − 15	13 − 1	3 − 0	17 − 6	8 − 6
7 + 5	17 + 1	10 + 1	3 − 2	4 + 13	17 − 13	17 − 14	16 + 3	19 − 18	19 − 3
11 + 1	4 − 2	2 + 18	20 + 8	20 + 4	19 − 15	16 + 9	20 + 7	5 + 2	6 − 1
15 − 12	8 − 4	14 + 13	7 − 7	16 − 2	1 + 2	1 − 0	13 − 13	9 − 9	11 − 0
10 + 18	12 − 6	2 − 0	9 − 3	19 − 5	12 + 8	18 + 8	14 + 19	19 − 14	3 − 1
12 + 16	16 + 2	18 + 11	15 − 7	17 + 3	14 − 6	15 − 14	19 − 8	5 + 20	1 + 19

Name

Score / 100

Time :

1	16	8	6	7	8	16	6	7	4
+ 3	+ 6	+ 18	+ 7	− 2	+ 8	− 16	− 3	− 4	+ 6

0	16	18	10	14	1	3	3	2	20
− 0	+ 4	− 17	+ 8	+ 14	+ 18	+ 18	+ 4	+ 5	− 4

13	3	11	8	7	5	17	13	9	12
+ 13	− 1	− 5	+ 13	− 1	− 0	+ 11	− 11	− 5	− 11

3	18	5	13	6	9	16	7	4	11
− 2	+ 2	+ 18	+ 12	− 0	+ 6	− 4	− 0	+ 16	− 11

19	1	4	6	17	13	18	3	16	11
− 7	+ 11	+ 11	+ 4	+ 17	− 12	− 13	+ 6	+ 3	− 2

14	2	13	10	18	4	19	6	8	12
+ 3	+ 16	− 0	− 9	+ 18	+ 14	+ 9	− 2	+ 7	− 4

3	13	7	4	6	5	14	11	6	5
+ 9	− 7	+ 9	− 2	+ 5	− 4	− 12	− 3	− 4	− 3

15	20	9	9	3	12	19	19	7	11
− 11	+ 16	− 7	− 3	− 0	+ 5	+ 14	+ 12	+ 14	− 6

12	15	5	1	20	10	2	16	8	8
+ 6	− 1	+ 4	− 0	+ 18	− 4	+ 7	− 0	+ 5	+ 17

12	2	2	16	7	10	14	16	2	0
+ 2	− 0	− 2	− 2	− 7	+ 17	− 6	− 14	− 1	+ 3

Addition & Subtraction Drills 0 - 20

Name: _____ Score: / 100 Time: __:__

2 + 4	6 + 14	11 − 2	14 − 8	8 + 11	8 + 1	16 − 4	6 − 1	12 + 11	16 − 1
15 − 15	14 − 2	13 − 7	3 + 0	9 + 17	18 + 11	3 − 1	8 + 5	1 + 11	10 − 9
9 − 8	10 − 1	11 − 10	4 − 1	2 + 16	12 + 18	11 + 10	3 + 7	10 + 2	8 + 13
20 − 6	4 + 15	6 − 5	12 − 8	18 + 7	15 − 14	8 + 19	6 + 20	0 − 0	3 − 3
9 − 9	16 − 13	8 + 15	6 − 2	17 + 8	13 + 20	16 + 4	13 − 12	6 + 1	1 + 10
12 + 12	19 − 3	13 + 2	7 − 3	3 + 14	19 − 5	14 − 4	14 − 3	7 − 7	3 − 0
0 + 16	18 − 8	1 + 17	13 + 6	6 − 3	4 + 12	18 + 16	6 − 6	15 − 11	19 + 3
15 + 7	9 − 2	19 + 1	5 − 5	4 − 0	11 − 9	8 − 0	11 − 0	0 + 13	12 − 12
1 − 1	3 + 19	0 + 3	17 + 11	18 + 3	15 − 4	8 − 1	2 − 1	19 + 4	8 − 6
1 − 0	10 − 4	15 + 18	11 + 8	14 + 12	14 + 16	17 + 9	19 − 10	8 + 2	14 + 7

Addition & Subtraction Drills 0 - 20

Name

Score / 100

Time :

14 − 14	11 − 6	3 − 0	7 + 17	6 − 3	15 + 13	11 + 16	16 − 12	17 + 5	3 − 2
6 − 2	13 + 9	8 + 6	15 − 7	10 + 13	6 + 1	16 + 12	11 − 8	7 − 3	16 − 3
10 + 19	19 − 17	4 − 0	1 + 13	11 + 7	1 + 2	5 − 2	2 + 8	14 − 13	14 + 0
5 + 13	11 + 19	15 + 12	1 + 6	16 − 7	15 − 10	18 + 4	9 − 1	15 − 14	13 + 19
4 + 16	11 − 2	19 − 3	16 + 20	19 − 2	17 + 0	1 + 11	17 − 8	1 + 17	2 + 3
4 + 1	2 − 0	7 + 7	1 + 12	16 + 4	5 − 1	6 − 1	11 + 4	1 + 5	2 + 9
19 − 19	8 + 12	18 − 4	2 − 1	4 + 6	8 − 6	12 + 10	6 + 7	17 + 20	4 − 2
8 + 1	19 − 13	7 + 4	15 − 4	0 − 0	1 + 7	13 + 17	7 − 7	1 − 0	11 + 14
15 + 7	8 − 5	9 − 8	3 + 7	12 − 4	8 − 2	6 − 6	8 − 4	15 + 3	16 + 17
10 − 6	17 − 11	19 + 8	19 − 4	9 + 8	13 − 12	14 − 5	14 − 10	19 − 16	6 − 0

1	12	17	3	11	11	14	7	7	9
+ 12	+ 12	+ 2	+ 20	+ 6	− 10	− 4	+ 12	− 1	+ 19

13	6	9	4	19	9	20	9	8	20
− 4	− 4	− 7	− 1	+ 18	+ 16	− 10	− 3	+ 11	+ 19

16	5	19	5	3	19	4	13	12	15
− 10	+ 16	− 14	− 3	− 1	+ 5	− 4	− 11	+ 5	− 5

6	8	10	3	5	3	8	13	12	18
+ 17	+ 7	− 1	+ 2	− 4	+ 10	− 3	− 12	+ 14	− 4

5	16	9	16	16	9	2	3	14	9
− 5	− 1	+ 7	− 12	− 14	− 1	− 1	+ 8	− 6	+ 8

14	18	13	14	18	4	18	20	6	3
− 13	− 13	− 6	+ 5	+ 10	− 3	+ 19	− 1	+ 4	+ 3

19	7	11	14	2	13	6	2	10	6
− 2	+ 2	+ 20	+ 1	+ 10	+ 7	+ 14	+ 3	− 8	+ 11

18	19	7	18	6	11	6	13	2	18
+ 8	− 4	− 4	− 8	− 2	+ 18	+ 12	− 7	+ 19	− 11

2	20	9	17	13	12	17	16	15	15
+ 18	− 4	+ 4	− 13	+ 11	+ 3	+ 7	− 13	− 11	− 0

8	2	5	1	8	16	15	16	0	4
− 2	+ 17	+ 15	+ 8	+ 17	+ 10	− 13	− 4	− 0	+ 7

Addition & Subtraction Drills 0 – 20

Name	Score	Time
	/ 100	:

20 − 16	17 − 5	1 + 1	11 + 3	2 − 0	6 − 4	1 − 0	7 − 3	4 − 1	16 + 13
14 + 7	9 + 8	14 + 4	9 − 8	15 + 14	14 + 8	9 + 19	15 + 16	16 − 13	18 − 16
19 + 6	20 + 7	2 − 2	13 + 14	3 − 0	15 + 6	19 − 17	12 − 11	18 − 14	18 − 12
8 − 7	6 + 3	7 − 4	16 − 7	1 − 1	4 − 2	18 − 7	17 + 15	6 + 5	15 − 15
3 − 2	11 + 19	6 + 8	18 − 17	4 + 16	0 − 0	7 − 5	17 − 2	14 − 11	7 + 14
9 − 7	10 + 13	4 − 4	5 + 8	13 − 5	5 + 9	15 + 5	6 + 0	15 − 11	8 − 5
4 + 5	18 + 18	3 + 14	15 + 17	5 + 14	15 − 6	19 − 15	14 + 18	12 − 7	8 + 19
11 + 11	19 − 3	11 + 12	13 + 2	17 − 14	12 + 18	18 + 3	14 + 9	19 + 7	15 − 8
15 + 9	1 + 8	4 − 3	6 + 14	16 − 14	18 + 19	7 − 6	4 + 3	6 − 3	17 + 2
19 − 8	15 − 1	9 + 2	10 + 7	5 − 4	5 − 3	4 + 12	5 − 1	8 + 1	14 − 8

Addition & Subtraction Drills 0 - 20

Name ____ Score / 100 Time __ : __

3 − 3	5 + 7	16 + 18	19 + 1	16 + 15	6 + 7	18 − 6	7 + 16	4 − 1	2 + 7
9 + 16	8 + 2	4 + 12	5 − 2	7 − 4	18 + 5	3 − 1	13 + 3	2 + 3	17 − 16
1 − 1	8 − 3	11 − 2	7 − 5	4 + 5	15 − 8	19 + 6	12 − 2	1 + 16	2 − 1
18 − 2	2 − 0	15 + 16	4 − 0	16 + 7	16 − 9	7 + 5	16 − 7	11 − 10	15 − 13
7 − 0	13 + 11	5 − 0	13 − 2	10 + 9	6 + 18	15 + 5	0 + 6	4 + 14	12 − 5
19 + 19	13 − 4	19 − 5	7 − 7	19 − 12	6 + 2	17 − 4	18 − 13	13 − 11	1 − 0
4 − 2	5 + 15	6 − 4	2 + 12	17 + 2	19 + 11	6 + 11	19 − 7	7 − 6	8 − 2
15 + 3	12 + 19	3 + 18	3 + 2	11 − 3	20 + 8	8 + 15	6 + 14	15 − 3	2 + 8
4 + 19	3 − 0	10 + 15	6 − 1	13 + 17	19 − 8	3 − 2	6 − 2	5 − 4	11 − 11
4 + 2	17 − 1	7 + 19	10 − 6	18 + 1	11 + 16	15 + 12	16 + 13	6 − 5	4 + 1

Addition & Subtraction Drills
0 - 50

Name	Score	Time
	/ 100	:

2 + 0	27 + 22	31 + 7	4 − 1	18 + 21	15 − 10	35 − 24	4 + 34	25 + 36	18 − 9
20 − 16	40 + 6	49 − 31	36 + 50	8 − 3	8 + 5	49 + 37	25 + 1	37 + 1	47 + 1
5 + 8	8 + 3	7 − 7	3 − 1	14 + 33	47 − 18	27 − 26	0 − 0	48 + 18	2 + 8
20 + 3	45 − 4	2 + 23	28 + 3	6 − 1	4 + 44	27 + 38	35 − 0	22 + 31	34 − 29
7 − 4	2 − 2	4 − 0	9 − 3	41 − 26	9 − 8	43 + 8	45 − 2	40 − 24	47 − 33
4 − 3	8 − 4	3 − 2	42 − 1	32 − 21	45 + 3	23 + 0	12 + 42	49 + 30	7 − 3
15 + 24	8 − 1	22 − 14	1 − 0	0 + 37	25 + 4	50 − 45	44 − 8	34 − 24	11 − 6
1 − 1	9 − 4	29 + 5	50 + 38	1 + 38	6 − 3	47 − 17	6 + 4	39 + 37	46 − 13
19 + 40	3 + 29	49 − 3	7 + 0	49 + 50	0 + 4	45 + 5	17 + 49	31 + 22	37 + 7
30 − 24	4 − 2	41 − 4	8 + 1	44 − 22	13 + 24	3 + 48	17 − 3	38 + 5	43 − 1

Addition & Subtraction Drills 0 - 50	Name	Score / 100	Time :

32	50	8	6	48	48	5	0	8	26
+ 3	− 5	+ 19	− 3	− 1	− 18	+ 1	− 0	+ 44	+ 4

33	4	4	2	15	49	28	7	5	41
− 10	+ 35	− 4	− 1	+ 8	− 45	− 1	− 7	+ 26	+ 29

24	6	18	3	47	19	1	44	35	42
+ 4	+ 6	− 11	+ 5	+ 15	− 17	− 0	− 4	− 7	+ 21

45	42	11	9	0	39	42	8	36	4
+ 21	+ 5	+ 6	− 8	+ 5	− 34	− 8	+ 6	− 2	− 3

2	43	3	41	41	6	34	13	5	42
+ 31	+ 1	− 2	+ 46	− 2	+ 44	− 3	+ 32	− 1	+ 11

40	36	35	5	36	16	49	0	10	4
− 4	+ 7	− 1	− 5	− 6	− 2	+ 4	+ 7	+ 48	+ 27

3	19	5	13	5	2	7	36	40	1
+ 10	− 14	+ 3	− 0	+ 15	+ 6	− 2	− 25	+ 1	− 1

37	3	47	15	6	27	43	9	37	6
− 24	+ 43	− 1	+ 31	− 1	− 17	− 2	+ 27	− 1	− 0

0	41	40	0	46	8	8	48	4	46
+ 30	− 26	− 9	+ 12	+ 7	− 6	− 5	+ 6	+ 8	+ 8

47	36	25	15	18	44	18	22	7	20
− 31	+ 2	− 21	− 1	+ 3	+ 6	+ 5	− 13	+ 2	+ 17

**Addition & Subtraction Drills
0 - 50**

Name

Score / 100

Time :

4 − 2	7 − 6	17 − 4	19 + 42	30 + 7	2 − 1	14 − 14	36 + 29	0 − 0	45 + 0
44 + 43	8 + 7	9 − 8	31 + 43	5 − 5	2 − 2	39 + 6	30 + 1	8 − 7	24 + 2
9 − 7	43 + 0	7 − 4	3 − 0	8 + 20	40 − 15	13 − 12	5 + 3	6 − 3	2 + 43
38 + 3	4 − 1	1 − 0	34 + 8	3 + 27	2 + 2	35 + 6	24 + 38	26 + 0	3 − 2
33 − 6	47 + 22	31 + 3	50 − 6	46 − 3	18 − 17	46 − 45	7 + 8	29 + 40	29 + 18
43 + 31	17 + 4	21 − 15	48 − 28	29 + 28	7 − 1	15 − 11	19 − 2	8 − 0	37 − 12
9 − 3	1 + 5	36 − 22	37 + 48	29 − 25	6 − 1	40 + 0	46 − 40	6 − 5	7 − 2
3 + 13	46 − 34	50 + 16	32 − 11	19 + 7	9 + 4	7 + 6	49 − 5	37 − 22	9 + 34
1 + 21	49 − 1	7 − 5	21 − 10	42 + 7	31 + 5	2 + 47	31 + 48	26 + 7	2 + 15
5 − 2	39 − 32	4 + 19	25 − 8	15 − 4	12 − 11	24 + 39	4 + 8	38 + 8	46 + 1

Addition & Subtraction Drills 0 - 50

Name _____ **Score** / 100 **Time** :

3	9	14	23	9	40	8	11	40	5
− 1	− 4	+ 15	+ 45	− 9	+ 19	− 6	+ 5	+ 23	− 2
2	0	13	35	3	4	6	1	22	7
+ 2	− 0	+ 6	+ 38	− 3	+ 13	+ 26	+ 6	− 5	− 6
6	2	27	41	2	4	27	47	3	0
+ 6	+ 6	+ 23	− 4	− 1	+ 7	− 16	+ 3	− 0	+ 25
4	7	0	3	44	46	25	44	1	25
− 3	− 7	+ 1	+ 20	− 31	− 20	+ 0	+ 5	+ 48	+ 7
8	13	38	5	15	22	1	42	35	7
+ 33	+ 11	+ 4	− 4	+ 30	− 13	− 0	− 4	+ 6	− 0
14	8	4	6	33	8	38	33	21	14
− 11	− 4	+ 50	− 6	+ 48	+ 47	+ 2	− 24	+ 7	+ 2
5	41	3	25	6	5	50	38	8	7
− 0	+ 20	+ 8	+ 6	− 3	+ 25	− 32	− 18	− 0	+ 47
34	1	50	26	39	6	31	3	32	6
− 29	− 1	− 13	+ 0	− 37	− 2	− 2	+ 24	− 4	+ 16
12	12	5	8	8	39	38	29	19	46
− 8	− 10	+ 8	− 7	− 5	− 15	+ 8	− 7	− 3	+ 5
19	43	44	27	3	8	48	3	8	10
− 8	− 9	− 7	− 7	+ 2	+ 48	− 9	+ 1	+ 2	+ 20

Addition & Subtraction Drills
0 – 50

Name

Score / 100

Time :

40 + 48	24 – 18	27 + 6	9 – 4	1 – 0	15 + 1	3 – 0	11 – 6	46 – 11	50 + 29
9 + 30	28 + 9	1 – 1	6 + 36	7 – 3	7 – 1	18 + 1	1 + 33	40 – 17	8 + 13
14 – 9	2 + 9	2 + 4	12 + 6	5 – 4	4 + 25	8 – 1	9 + 22	19 – 8	41 – 5
37 + 26	4 – 1	21 + 4	22 – 19	7 – 0	8 + 2	0 – 0	21 – 16	3 – 1	33 – 21
7 + 4	4 + 15	31 – 23	3 – 2	4 – 2	8 – 7	29 + 46	26 – 1	6 + 40	5 – 3
26 + 4	6 – 6	29 – 1	2 + 36	36 + 9	32 – 9	44 – 8	49 – 2	2 – 0	6 – 4
37 – 26	6 + 0	13 – 7	40 – 23	41 + 3	39 – 38	1 + 43	5 – 1	41 – 29	24 – 5
4 + 13	42 + 1	31 – 7	2 + 43	39 + 2	5 + 40	7 + 49	6 + 25	28 – 13	6 + 30
4 + 7	29 + 41	9 + 48	25 + 2	39 – 18	30 – 5	50 + 7	39 + 22	4 – 0	44 + 38
23 + 2	19 – 4	5 – 2	21 + 40	14 + 4	8 + 8	7 + 30	41 + 2	40 – 40	37 + 7

Addition & Subtraction Drills
0 - 50

Name   **Score** /100   **Time** :

41 − 25	16 − 7	0 + 9	50 − 1	3 + 43	4 + 19	19 − 11	6 − 6	19 − 4	14 − 10
42 + 23	2 + 49	42 − 8	41 + 42	48 − 2	0 + 0	22 + 19	27 + 4	20 − 3	36 + 30
13 + 4	19 + 9	3 − 0	5 − 2	33 + 33	30 − 21	4 + 4	8 − 4	16 − 13	9 − 2
14 − 14	3 + 13	5 + 8	5 − 5	4 + 25	1 − 0	4 + 31	15 − 0	28 − 12	4 + 5
46 − 6	23 + 7	6 − 3	7 − 1	16 + 9	4 + 11	10 + 4	45 + 1	27 + 21	2 − 1
43 + 25	32 − 0	9 − 3	8 − 6	9 − 6	23 + 8	48 − 23	43 − 31	8 + 47	2 + 1
5 − 3	3 + 1	38 − 1	37 + 4	5 − 4	2 + 25	2 + 13	15 − 2	7 + 0	3 − 1
21 − 12	47 − 12	42 + 15	9 + 12	13 − 2	3 + 5	17 + 27	8 + 43	12 − 11	46 − 41
2 − 2	16 − 14	2 + 7	0 − 0	44 − 9	8 + 48	7 + 27	17 + 33	12 − 12	8 − 3
2 + 37	24 + 8	3 + 10	1 − 1	41 − 15	3 + 3	4 + 26	31 − 24	20 + 17	8 + 23

Addition & Subtraction Drills 0 - 50

Name

Score / 100

Time :

5	2	38	15	45	49	5	6	5	6
+ 15	− 1	+ 35	− 2	+ 26	+ 9	− 1	+ 24	− 3	− 6

7	4	11	50	4	34	3	18	9	17
+ 8	+ 15	+ 21	− 31	+ 2	+ 13	− 0	+ 3	+ 2	− 11

42	34	46	6	38	17	8	4	49	47
+ 35	− 25	+ 3	+ 34	+ 5	+ 6	+ 8	− 1	− 18	− 3

46	2	35	30	50	19	6	40	28	2
− 20	+ 35	+ 3	+ 48	− 1	+ 27	+ 1	+ 2	+ 9	− 0

47	3	16	25	24	46	8	1	43	2
+ 7	− 1	+ 8	+ 24	− 5	− 6	+ 25	− 1	− 8	+ 8

43	26	4	21	43	47	12	26	34	32
+ 7	− 9	− 2	− 5	− 7	− 5	+ 29	− 23	− 2	+ 28

4	33	8	26	14	9	45	46	9	7
+ 42	− 20	+ 4	− 4	− 6	+ 14	+ 12	− 1	− 2	− 5

14	3	23	9	27	6	46	20	32	4
+ 38	+ 6	+ 6	− 0	− 6	+ 3	− 16	+ 41	− 28	− 3

0	38	12	9	1	34	7	34	2	8
+ 5	+ 47	− 10	− 8	− 0	− 7	− 4	− 6	+ 37	+ 36

12	1	42	42	7	20	29	18	12	33
+ 2	+ 0	− 1	− 6	− 7	− 8	+ 4	− 7	+ 48	− 27

Name	Score	Time

Addition & Subtraction Drills 0 – 50

Score: / 100

32 + 1	41 – 3	1 – 1	7 + 2	2 – 1	5 – 4	24 + 18	15 + 1	44 – 30	26 – 12
6 – 2	6 + 3	2 + 8	8 + 29	5 – 0	4 – 3	0 – 0	19 + 17	47 + 34	3 – 3
0 + 8	3 – 2	46 + 1	48 – 37	3 + 34	44 – 40	48 + 46	47 – 32	7 – 1	27 + 33
5 + 24	6 + 6	1 – 0	31 – 6	20 – 17	7 + 8	33 + 21	31 + 32	2 – 0	18 – 15
0 + 2	8 – 4	1 + 8	10 + 25	9 + 6	7 + 13	25 – 20	4 + 37	13 – 6	40 + 4
20 – 8	45 – 32	40 – 38	4 + 0	47 – 14	34 – 2	8 – 1	12 + 27	26 – 3	9 – 3
40 – 27	4 + 9	2 – 2	5 + 4	43 – 0	1 + 32	1 + 42	29 + 6	44 – 17	7 + 4
1 + 17	35 + 22	6 + 49	46 + 47	2 + 42	5 + 50	32 + 3	8 + 2	5 – 2	20 – 15
7 + 14	23 – 16	49 + 30	41 – 35	3 – 1	22 + 6	6 – 4	14 – 5	6 – 1	33 – 4
42 – 3	8 + 7	46 – 3	15 + 2	5 + 5	19 – 8	1 + 5	5 – 5	12 – 12	27 + 41

Need to practice your multiplication and division skills?

Be sure to check out our other book...

Multiplication and Division Math Workbook

https://amzn.to/2YnnDHA

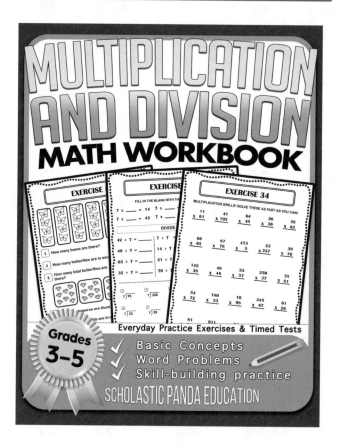

http://bit.ly/3ajtfrY

Answer Key

Scholastic Panda Education

We 🤍 trees, which is why we've made the answer key digital.

Visit the below link to easily download it:

https://bit.ly/3OHsvPa

SCAN ME

Bonus

Leave this book a review and
we may send you something special.